Quick Guide

Quick Guides liefern schnell erschließbares, kompaktes und umsetzungsorientiertes Wissen. Leser erhalten mit den Quick Guides verlässliche Fachinformationen, um mitreden, fundiert entscheiden und direkt handeln zu können.

Weitere Bände in der Reihe https://link.springer.com/bookseries/15709

Thomas Lauer

Quick Guide Change Management für alle Fälle

Was uns Case Studies lehren

 Springer Gabler

Thomas Lauer
Fakultät Wirtschaft und Recht
Technische Hochschule Aschaffenburg
Aschaffenburg, Deutschland

ISSN 2662-9240   ISSN 2662-9259   (electronic)
Quick Guide
ISBN 978-3-662-64236-8   ISBN 978-3-662-64237-5   (eBook)
https://doi.org/10.1007/978-3-662-64237-5

Die Deutsche Nationalbibliothek verzeichnet diese Publikation in der Deutschen Nationalbibliografie; detaillierte bibliografische Daten sind im Internet über http://dnb.d-nb.de abrufbar.

Planung/Lektorat: Stefanie Winter
Springer Gabler ist ein Imprint der eingetragenen Gesellschaft Springer-Verlag GmbH, DE und ist ein Teil von Springer Nature.
Die Anschrift der Gesellschaft ist: Heidelberger Platz 3, 14197 Berlin, Germany

Vorwort

Liebe Leser und Leserinnen dieses Buches,

vielleicht stehen Sie gerade als verantwortliche Person am Beginn eines Veränderungsvorhabens? Oder Sie sind gerade mitten dabei und werden mit einer Reihe von Herausforderungen konfrontiert? Oder Sie sind Betroffener von Unternehmenswandel im Großen oder Kleinen und fragen sich, ob dieser Wandel denn vernünftig gemanagt wird?

Egal, was Ihre Motivation ist, dieses Buch zu lesen, ich denke, Sie werden ein paar neue Erkenntnisse und Denkanstöße mitnehmen. Das Buch ist dabei so aufgebaut, dass Sie je nach Vorkenntnissen zum Change Management, Ihren speziellen Interessen und der aktuellen Situation, in der Sie sich befinden, gezielt Antworten auf Ihre Fragen finden können.

In den ersten beiden Kapiteln des Buches gebe ich Ihnen eine kompakte, möglichst anschauliche Einführung zur Thematik. Dabei geht es im ersten Kapitel vor allem darum, ein Verständnis dafür zu wecken, warum Wandel generell alles andere als einfach ist und worauf es grundsätzlich bei erfolgreichen Veränderungen ankommt. Gerade dann, wenn man die Herausforderungen des Change Managements kennt, fällt es leichter, Fallstricke und Fehler, die zum Scheitern von Wandel führen, bereits intuitiv zu vermeiden. Diese Fallstricke und Maßnahmen zu deren Vermeidung stehen im Zentrum von Kapitel 2. Dabei wird anhand von 9 Erfolgsfaktoren aufgezeigt, wie Veränderungen gelingen können.

Im zweiten Teil des Buches (Kap. 3–6) stehen Fallstudien zu vier typischen Anlässen des Wandels im Mittelpunkt: Mergers & Acquisitions (M&A), Digitalisierung, Unternehmenswachstum und -professionalisierung sowie Unternehmensnachfolge. Dabei werden zu diesen vier Anlässen eine ganze Reihe an aktuellen Fallstudien präsentiert, die Herausforderungen des Wandels, aber auch zahlreiche Lösungsmöglichkeiten aufzeigen. „Lessons learned" fassen gegen Ende jedes Kapitels diese Aspekte zusammen und verweisen systematisch auf die Erfolgsfaktoren aus Kapitel 2. Auch wenn Ihr Veränderungsvorhaben nicht zu diesen vier Kategorien gehört, so kann man aus den Fallstudien doch viel für die Praxis jeglicher Art von Wandel lernen.

Wie sollten Sie das Buch nun lesen? Nun, es gibt unterschiedliche Herangehensweisen. Eine Möglichkeit ist natürlich, das Ganze von vorn bis hinten komplett durchzulesen. Angesichts der Kompaktheit des Buches, es ist ja ein Quick Guide, ist dies eine gute Option, denn so werden Sie die Hintergründe für meine jeweilige Argumentation Schritt für Schritt besser verstehen. Sie können das Buch aber auch zum gezielten Nachschlagen nutzen. Dann etwa, wenn Sie sich speziell für Wandel in einem der vier oben genannten Fälle interessieren und sich über die Fallstudien in Teil 2 vor allem dazu informieren möchten. Gezielte Hinweise in den Fallstudienkapiteln auf die beiden Einführungskapitel (Kap. 1 und 2) ermöglichen es Ihnen, dort nachzuschlagen, wenn Sie in einem speziellen Fall mehr zum Hintergrund von Erfolgsfaktoren oder Hemmnissen des Wandels wissen möchten.

Die Fallstudien basieren auf Primärrecherchen, die ich in den vergangenen Monaten durchgeführt habe. Zumeist wurden diese auf Basis Leitfaden-gestützter Interviews erhoben und dann in Abstimmung mit den Interviewten als Mitautoren in einen Fallstudientext übertragen. Dieses Buch wäre ohne das Zutun meiner Mitautoren nicht das geworden, was es ist, eine Mischung aus – so hoffe ich – anschaulich vermittelter Theorie und zahlreichen Einblicken in die aktuelle Praxis des Change Managements. Deswegen möchte ich mich an dieser Stelle außerordentlich herzlich und namentlich bedanken bei: Heiko Aland, Yener Caliskan, Marcel Carrion, Christopher Fath, Andreas Gathof, Stefanie Lang, Kay Petrisor, Mario Rüdel, Christian Strunk, Michael Teubenbacher, Holger Trautmann, Thomas Seipolt, Florian Weber, Nicole Zieger und Kathrin Zuber.

Inhaltsverzeichnis

1

Change Management – Eine kurze Einführung

Warum Wandel schwierig ist und wie er gelingt

"It is not the strongest species that survives, nor the most intelligent. It is the most adaptable to change."

Charles Darwin zugeschrieben (Schöpfer der biologischen Evolutionstheorie)

Was Sie aus diesem Kapitel mitnehmen

- Was sich genau hinter dem Begriff Change Management verbirgt.
- Warum die Bedeutung von Change Management stetig steigt.
- Was typische Herausforderungen für Wandel in der Praxis sind.
- Wo man genau ansetzen muss, um Wandel in der Praxis erfolgreich zu gestalten.

© Der/die Autor(en), exklusiv lizenziert durch Springer-Verlag GmbH, DE, ein Teil von Springer Nature 2021
T. Lauer, *Quick Guide Change Management für alle Fälle*, Quick Guide, https://doi.org/10.1007/978-3-662-64237-5_1

1.1 Bedeutung und Definition von Change Management

Change Management gehört fraglos zu den großen Managementthemen unserer Zeit. Wenn Sie als Führungskraft am Beginn eines Veränderungsvorhabens stehen oder Erfahrungen aus Ihrem letzten Change-Projekt reflektieren möchten, dann kann Ihnen die folgende Einführung einen ersten Zugang zu den speziellen Herausforderungen von Wandel geben, aber auch grundlegende Hinweise darauf, wie Wandel gelingen kann. Aber auch für Betroffene von Wandel macht es Sinn, sich genauer mit dieser Thematik auseinanderzusetzen, um sich in dieser Rolle besser zu verstehen und das Wirken der Initiatoren des Wandels kritisch beurteilen zu können. Das folgende Teilkapitel soll Ihnen dazu einen ersten Einblick gewähren.

1.1.1 Change Management: Veränderungen pro-aktiv begleiten

Um Ihnen die Grundlagen zum Change Management plakativer nahezubringen, möchte ich meine Ausführungen mit einem kleinen Beispiel starten. In dem Beispiel geht es nicht um einen besonders grundlegenden Wandel eines Unternehmens oder einer Organisation, etwa eine komplett neue strategische Ausrichtung oder die Auslagerung der gesamten Produktion ins Ausland. Und dennoch kann man daran wichtige Facetten zu Herausforderungen, Fehlern, aber auch Erfolgsfaktoren verdeutlichen, die Wandel ausmachen. Im Gegenteil, gerade die Tatsache, dass es sich nicht um einen gravierenden Wandel handelt, zeigt auf, dass Wandel grundsätzlich herausfordernd ist, im Großen wie im Kleinen.

Die Einführung eines Collaboration-Tools

In einem Unternehmen der Pharmabranche beschließt die Geschäftsführung gemeinsam mit der IT-Abteilung, dass künftig die gesamte interne Kommunikation als auch die Dokumentenablage über ein Collaboration-Tool eines bekannten Herstellers abgewickelt werden soll. Eine Version dieses Tools existiert schon seit vielen Jahren im Unternehmen, bisher haben aber nur wenige Mitarbeiter in wenigen Abteilungen Gebrauch davon gemacht, und wenn, dann vor allem in den IT-nahen Bereichen. Zwar gab es bei der ersten Einführung des Tools Schulungsangebote, die auch recht gut besucht waren, jedoch bildete sich schnell die Meinung heraus, dass die Benutzeroberfläche wenig userfreundlich sei. Auch überforderte die Fülle an Funktionalitäten die meisten Mitarbeiter und Führungskräfte eher, und so wurde diese Vielzahl an Möglichkeiten kaum genutzt. Für die Basisfunktionalitäten, wie Terminvereinbarung, interne Kommunikation und Dokumentenablage, reichten aber das bisherige Email-Programm und unternehmensöffentliche Laufwerke auf den Servern der IT-Abteilung völlig aus. Dass mittlerweile eine neue Version des Collaboration-Tools zur Verfügung stand, mit einer wesentlich nutzerfreundlicheren Oberfläche, war den meisten nicht bekannt.

Probleme mit Hackerangriffen auf die Netzwerke des Unternehmens stellten die Praxis der Nutzung der unternehmensöffentlichen Netzwerke und auch des Email-Programms aber zunehmend infrage. Das Collaboration-Tool bot hier weitaus größere Sicherheitsstandards, vor allem für Mitarbeiter, die im Homeoffice oder kleineren Niederlassungen arbeiteten und an das Unternehmensnetzwerk angebunden werden mussten. Dass es Probleme mit Hackerangriffen gab, war den meisten durchaus bewusst, nicht aber, dass das Collaboration-Tool hier erhebliche Vorteile bot.

Der Beschluss von Geschäftsführung und IT-Abteilung, von nun ab nur noch das Collaboration-Tool zu nutzen, wurde durch eine Email der IT-Abteilung an alle verkündet. Dabei wurde darauf hingewiesen, dass innerhalb von 4 Wochen jeder auf das Collaboration-Tool umzusteigen habe und sowohl der bisherige Email-Dienst als auch die Laufwerke dann nicht mehr zur Verfügung stehen würden. Ein Grund für die Umstellung wurde in der Mail jedoch nicht genannt. Diese Information führte unmittelbar zu Protesten der Betroffenen, wiederum per Email, was beinahe in einen Shitstorm gegen die getroffene Entscheidung mündete. Die IT-Abteilung reagierte prompt. So wurde darüber informiert, dass diese Entscheidung mit den erfolgten Hackerangriffen zu tun hat, was den meisten bis dato nicht bewusst war. Zudem wurden – auch individuelle – Schulungen angeboten, um Mitarbeitern den problemlosen Umgang mit dem Collaboration-Tool zu ermöglichen. Der Erstauslöser der E-Mail-Proteste sendete kurz darauf eine E-Mail an alle, berichtete über seine positiven Erfahrungen mit der individuellen Schulung und die Vorteile des neuen Tools, die er nun selbst erleben konnte. Die Wogen der Empörung glätteten sich daraufhin schnell.

Gut ein Jahr später erwies sich der Wandel als Segen, denn mit dem Start der Corona-Pandemie konnte das Unternehmen schnell reagieren und große Mengen an Mitarbeitern sicher per Homeoffice anbinden.

Wenn Sie einmal über Ihre eigene Berufspraxis nachdenken oder Erfahrungen, die Sie als Teil einer Organisation (dies kann zum Beispiel auch ein Verein sein) hatten, fallen Ihnen vermutlich ähnliche Erlebnisse ein. Ähnlich dergestalt, dass etwas, was Ihnen heute als normal und vertraut erscheint, bei dessen erster Einführung zu Problemen und Widerständen geführt hat. Ihn fallen aber eventuell auch Ereignisse ein, wo sich der geplante Wandel tatsächlich als falsch und nicht zielführend erwiesen hat. Ja, es stimmt, nicht jeder Wandel ist *per se* gut und richtig. Aber, sich als Unternehmen oder Organisation nicht an die veränderten Bedingungen der Außenwelt anzupassen, ist fast sicher mit dem Untergang verbunden. Das Eingangszitat von Darwin möchte als Wegweiser dazu dienen.

Im vorliegenden Buch möchte ich Ihnen keinen Leitfaden an die Hand geben, um die Berechtigung oder Nicht-Berechtigung von Zielen des Wandels zu erläutern. Das könnte man am ehesten durch Nutzung von Methoden des strategischen Managements, weswegen ich auf die entsprechende Fachliteratur verweise (Hungenberg, 2014; Lauer, 2016). Vielmehr möchte ich das Augenmerk auf den Ablauf von Wandel richten, die Fehler, die man als verantwortlicher Treiber von Wandel begehen kann, aber noch stärker natürlich auf das, was man tun kann und sollte, um den Prozess des Wandels möglichst erfolgreich zu gestalten.

Dennoch möchte ich ein paar Worte zu den Zielen des Wandels verlieren. Im obigen Beispiel zum Collaboration-Tool erwies sich das Ziel im Nachhinein als noch zukunftsweisender als zunächst angenommen, denn spätestens mit der Corona-Pandemie war das sicherere Collaboration-Tool kein „Nice-to-have", sondern ein „Must-have." Nicht nur dieses Beispiel lehrt uns: Strategisch gesehen sollte ein Wandel erfolgen, bevor dieser unbedingt erforderlich ist oder anders ausgedrückt: Proaktiver Wandel erweist sich in der Regel als geeigneter als reaktiver Wandel. Wartet ein Unternehmen, bis der Markt zwingend eine Umstellung fordert, etwa ein Einzelhändler, der erst Online-Angebote schafft, nachdem die Online-Konkurrenz erdrückend wird, ist es zumeist schon zu spät. Namhafte Beispiele, wie etwa das Unternehmen Kodak, das als Weltmarktführer für analoge Fotomaterialien den Wechsel zur digitalen Fotografie erst zu spät ernstnahm, oder das verspätete Reagieren des Handyherstellers Nokia auf Smartphones, mögen hier als Warnung dienen. Das heißt im Gegenzug aber nicht, dass jede zukunftsweisende Änderung richtig ist. Nahezu sicher ist in der heutigen Zeit aber, dass Stillstand Rückschritt bedeutet. Leider neigen Menschen und Organisationen aber dazu, die Zeichen der Zeit eher zu verkennen und erforderlichen Wandel zu spät einzuleiten. Damit werde ich mich in Abschn. 1.3 eingehender auseinandersetzen. Es gibt aber auch Organisationen, in denen die Führungskräfte die Geschwindigkeit des Wandels übertreiben und die Organisation damit überfordern (Lewin, 1963) oder die eher „aktionistisch" motiviert ständig neue Initiativen starten (Bruch et al., 2006). In diesen Fällen kann das Ziel von Wandel durchaus das falsche sein.

Change Management widmet sich aber weniger der Beurteilung der Ziele von Wandel, sondern vielmehr dem Management des Veränderungsprozesses, um vom heutigen Staus Quo zu einem definierten Zielzustand zu gelangen. Dabei geht es darum, die Betroffenen des Wandels mitzunehmen und bestenfalls zu aktiven und produktiven, aber keinesfalls unkritischen Unterstützern zu machen.

Change Management

Change Management bezeichnet das Management von Wandel verbunden mit dem Ziel, diesen möglichst reibungslos zu gewährleisten und die Betroffenen zu produktiven Unterstützern zu machen.

Zurückkehrend zum obigen Beispiel der Einführung eines Collaboration-Tools würde dies bedeuten, die Umstellung von Beginn an so zu kommunizieren, dass die anfänglichen Reibungsverluste und Widerstände minimiert werden. Im vorliegenden Fall wäre dafür eine geeignetere Kommunikation, die über die Gründe aufklärt und zugleich von höchster Stelle erfolgt, ebenso dienlich gewesen, wie das direkte und proaktive Angebot von individuellen Schulungsmöglichkeiten. Bei einem kleineren Änderungsvorhaben, wie der Einführung des Collaboration-Tools, lassen sich Widerstände noch mit schnell eingeleiteten und zielführenden Gegenmaßnahmen beheben, bei größeren

Projekten, etwa Unternehmenszusammenschlüssen, kann der Schaden erheblicher ausfallen und nachhaltiger wirken.

1.1.2 Change Management: Immer wichtiger

Wir leben in einer Welt, deren Veränderungsgeschwindigkeit stetig zunimmt. Mittlerweile hat sich dafür der Begriff der VUCA-Welt eingebürgert.

VUCA-Welt

VUCA ist eine aus dem Englischen stammende Abkürzung und bezeichnet eine Welt, die durch das gleichzeitige Vorliegen folgender Eigenschaften geprägt ist (Mack & Khare, 2016):

- *Volatility:* Eine schnelle Veränderung von Dingen.
- *Uncertainty:* Die Ungewissheit über die künftige Entwicklungsrichtung.
- *Complexity:* Die Komplexität und damit fehlende Transparenz in Bezug auf das Zusammenwirken der am Wandel beteiligten Umweltbestandteile.
- *Ambiguity:* Die Ambiguität oder zu Deutsch Mehrdeutigkeit von Informationen in Bezug auf deren Interpretationsmöglichkeit.

Damit Unternehmen in einer solchen VUCA-Welt überleben, müssen sie sich an geänderte Umweltbedingungen anpassen, an die zunehmende Digitalisierung, an den demographischen Wandel mit immer mehr älteren und immer weniger jungen Menschen, an geänderte gesellschaftliche Wertvorstellungen oder an Bedrohungen durch den Klimawandel, um nur ein paar Beispiele zu nennen. Damit nimmt die Bedeutung von Change Management automatisch zu. Laut einer Studie der renommierten Beratung Kienbaum aus dem Jahr 2017 rangiert Change Management bei den Themen für die Personal-Entwicklung von Top-Führungskräften entsprechend an erster Stelle (Kienbaum, 2017). Dennoch gewinnt man, auch beim Lesen der in diesem Buch vorgestellten Fallstudien, nicht selten den Eindruck, dass die gleichen Fehler immer wieder begangen werden. Das wird auch durch die Ergebnisse einer aktuellen Studie zur Change-Management-Praxis der bekannten Unternehmensberatung Horváth & Partners untermauert: Demnach sind gezielte Change-Management-Aktivitäten im Rahmen von Veränderungsvorhaben relativ selten und ihre Bedeutung hat in den letzten Jahren sogar noch abgenommen. 2014 bestätigten noch 60 % der Befragten den Einsatz von bewusstem Change Management bei Veränderungen, im Jahr 2020 sahen nur noch 46 % der Befragten einen gezielten Einsatz entsprechender Instrumente (Gebauer, 2001).

Aus dem obigen Beispiel zur Einführung eines Collaboration-Tools (Abschn. 1.1.1) wurde bereits ersichtlich, dass Change Management nicht nur Vorhaben betrifft, bei denen ganze Unternehmen oder Organisationen maßgeblich verändert werden. Vielmehr zeigen sich bei nahezu jedem noch so kleinen Wandel im Prinzip die gleichen Herausforderungen, wenn eben oft auch in kleinerem Ausmaß.

Typische Fälle von Wandel im Kleinen

- Die Einführung einer neuen Software für eine bestimmte Teilfunktionalität (etwa eine neue Software zur Reisekostenabrechnung)
- Die Umverteilung von Aufgaben und Zuständigkeiten innerhalb eines Organisationsbereichs, etwa innerhalb einer Abteilung oder Arbeitsgruppe
- Der Wechsel einer Führungskraft an der Spitze einer Organisationseinheit
- Die genaue Definition oder Veränderung eines Prozessschrittes

---

Im besonderen Fokus stehen aber natürlich die Fälle, in denen ganze Unternehmen oder Organisationen quasi umgekrempelt werden. Hier ist bereits im Vorfeld eine besonders intensive Beschäftigung mit den Herausforderungen des Wandels geboten. Vor allem sollte man in solchen Fällen vorab einen klaren Plan haben, wie der Wandel gemanagt werden kann. Dabei ist es wichtig, sich insbesondere mit möglicherweise auftretenden Problemen auseinanderzusetzen, vor allem Widerständen durch die Betroffenen (Abschn. 1.4), und entsprechende Maßnahmen bezüglich der Erfolgsfaktoren zu planen (Kap. 2).

Typische Fälle von Wandel im Großen

- Mergers & Acquisitions (M&A), also der Aufkauf oder die Fusion von Unternehmen
- Die großflächige Digitalisierung von Unternehmen, bei der sich ganze Geschäftsprozesse ändern oder vollständig digitalisiert werden
- Externe oder interne Unternehmensnachfolge, vor allem bei mittelständischen (Familien-)Unternehmen
- Starkes Wachstum von Unternehmen, welches zu einer Professionalisierung der Prozesse und Organisationsstrukturen zwingt
- Die vollständige Reorganisation von Unternehmen, etwa deren Dezentralisierung durch Schaffung von eigenständigen Divisionen

---

Der Fallstudienteil dieses Buches (Kap. 3–6) wird sich eingehend vor allem mit den „großen" Themen des Unternehmenswandels beschäftigen und aufzeigen, worauf hier im jeweiligen Fall besonders zu achten ist, aber auch kleinere Projekte des Wandels, wie die Einführung einer neuen Software, kommen zur Sprache.

1.2   Erfolgreiches Change Management – Eine erste Annäherung

Was sind nun aber die grundsätzlichen Herausforderungen von Wandel und wo gilt es anzusetzen, um Wandel erfolgreich zu gestalten. Hierzu möchte ich mit einem Beispiel von Wandel jenseits des Unternehmensalltags starten. Nehmen wir einen Raucher, der sich das Rauchen abgewöhnen möchte. Was glauben Sie, sind wesentliche Faktoren dafür, dass es mit der Entwöhnung funktioniert?

Ich behaupte, dass es vor allem drei Aspekte sind, auf die es ankommt. Zunächst einmal gilt:

1. Der Betroffene muss *das Problem als solches erkennen*. Nur wenn sich der Raucher über die immensen gesundheitlichen Gefahren des Rauchens bewusst ist und diese auch nicht leugnet, wird er genug Motivation aufbringen, den Versuch überhaupt zu starten.

Den Versuch gestartet, sich das Rauchen abzugewöhnen, haben aber schon viele, es wirklich geschafft aber insgesamt deutlich weniger. Deswegen sind darüber hinaus noch zwei andere Faktoren maßgeblich:

2. Der Raucher muss *wissen, was er genau tun muss,* um sich das Rauchen abzugewöhnen und gegenüber den Gefahren der Rückfälligkeit gewappnet zu sein. Dies wird ihm helfen, in diesem Prozess erfolgreich voranzuschreiten.
3. Und er benötigt ein *klares und positives Bild seiner Zukunft.* Sieht der Raucher für sich keine positive Zukunftsperspektive, weil er vielleicht dauerhaft von Arbeitslosigkeit betroffen ist, so fällt das Abgewöhnen schwerer und die Gefahr von Rückschlägen ist erheblich höher.

Diese Aspekte bringt eine von David Gleicher schon in den 1960er Jahren entwickelte Formel zum erfolgreichen Change Management sehr schön zum Ausdruck (Eaton, 2010). Demnach gilt für die Erfolgswahrscheinlichkeit des geplanten Wandels *p(E)* folgende Beziehung:

$$p(E) = U \cdot V \cdot S > W$$

dabei bezeichnen:

p(E) = Wahrscheinlichkeit für einen erfolgreichen Wandel
U = Unzufriedenheit mit dem Status Quo
V = Klarheit der Vision, auf die der Wandel zielt
S = Klarheit der ersten Schritte zur Umsetzung des Wandels
W = Ausmaß des Widerstands

Sie können hier unschwer die Komponenten des obigen Raucher-Beispiels wiedererkennen. Die Unzufriedenheit mit dem Status Quo repräsentiert hier die Einsicht in die Gesundheitsgefahr des Rauchens. Die Klarheit der Vision ist gleichbedeutend mit dem positiv-motivierenden Bild über die eigene Zukunft. Und die Klarheit der ersten Schritte bezieht sich schließlich auf das das Wissen um Techniken, sich das Rauchen tatsächlich abzugewöhnen und dem durch Sucht aufkeimenden Verlangen zu trotzen. Neu ist das „W", welches hier Widerstände repräsentiert. Diese Widerstände können im Raucher-beispiel mit der Sucht selbst übersetzt werden, die sich gegen das Ziel des Abgewöhnens richtet.

Die Darstellung als mathematische Formel hat den Vorteil, dass man auch etwas zum Zusammenspiel der Elemente aussagen kann. Die Variablen „U", „V" und „S" sind multiplikativ miteinander verknüpft. Das bedeutet, sobald nur eine dieser Variablen den Wert „0" annimmt, ist das Produkt aus allen dreien ebenfalls „0" und damit auf jeden Fall kleiner als der vorhandene Widerstand. Das heißt im Umkehrschluss, beim Wandel ist auf alle drei Komponenten zugleich zu achten. Wenn keine Einsicht in die Notwendigkeit des Wandels besteht, ist zum Bei-spiel unerheblich, ob man weiß, wie die ersten Schritte eines solchen Wandels aussähen. Der Wandel wird in einem solchen Fall nicht gestartet werden. Sieht man ein, dass Wandel erforderlich ist und kennt man auch die dazu erforderlichen Schritte, so wird Wandel dennoch unterbleiben, wenn man keinerlei positive Perspektive für die eigene Person sieht oder keinen übergeordneten Sinn im Wandel erkennen kann.

> **Voraussetzungen für erfolgreichen Wandel**
>
> Erfolgreicher Wandel setzt voraus, dass die Notwendigkeit von Wandel allen bewusst ist, mit dem Wandel ein klares und positiv besetztes Ziel verfolgt wird und bekannt ist, welche (ersten) Schritte für den Wandel notwendig sind. Diese drei Bedingungen müssen zugleich auftreten, um wirksam zu werden.

Lässt sich das Raucher-Beispiel nun auf Unternehmen übertragen? Im Prinzip schon. Sie können jetzt einwenden, dass es im Falle von Unter-nehmen ja einfacher ist, da hier keine „Sucht" vorliegt. Das ist im Grundsatz richtig, aber dafür gibt es eine nicht minder gravierende neue Herausforderung: Beim Rauchen abgewöhnen muss der Raucher nur sich selbst überzeugen, dass dies das richtige Ziel ist. Im Falle des Wandels in Unternehmen oder Organisationen im Allgemeinen gibt es hingegen einen (oder mehrere) Initiator(en) des Wandels, der (die) versuchen muss (müssen), die anderen, zumeist Mitarbeiter, auf den Wandel einzustimmen und diese zur aktiven Beteiligung am Wandel zu bewegen. Statt mit einer Sucht hat man es hier mit einer Vielzahl an Widerständen und Herausforderungen zu tun. Deren erste ist, zu verdeutlichen, dass Wandel überhaupt notwendig ist. Menschen als Individuen besitzen eine mehr oder weniger starke Trägheit, wenn es darum geht, Dinge zu verändern. In sozialen Zusammenhängen, Gruppen oder Organisationen, verstärkt sich dieser Hang nochmals. Warum dies so ist, soll in Abschn. 1.3 näher besprochen werden. Aber selbst wenn diese initiale Einsicht in die Notwendigkeit des Wandels erfolgreich vermittelt werden konnte, kann es doch zu einer Reihe an Widerständen bei dessen Umsetzung kommen. Dies soll in Abschn. 1.4 eingehender untersucht werden. Mit diesem Wissen ausgerüstet kann dann abschließend in Abschn. 1.5 ein Grundmodell entwickelt werden, welches die Bausteine aufführt, die für erfolgreichen Wandel benötigt werden.

> **Andere überzeugen als besondere Herausforderung**
>
> Wandel in Unternehmen und Organisationen ist deshalb besonders herausfordernd, weil der Initiator des Wandels zunächst andere, zumeist Mitarbeiter und nachgelagerte Managementebenen, von dessen Wichtigkeit und Richtigkeit überzeugen muss!

1.3   Die Ursachen von Trägheit beim Wandel

Sich selbst und andere zu überzeugen, neue Wege zu gehen, darauf kommt es beim Wandel in Unternehmen und Organisationen an. Der erste Schritt dabei ist die Erkenntnis, dass Wandel notwendig ist. In der Formel von Gleicher (Abschn. 1.2) wurde der dafür notwendige Impuls als „Unzufriedenheit mit dem Status Quo" bezeichnet. Unzufriedenheit ist ein subjektiver Status und muss nicht notwendigerweise mit der objektiven Größe eines Problems korrespondieren. Um im Raucherbeispiel (Abschn. 1.2) zu bleiben, so nimmt mit dem Ausmaß an gesundheitlichen Problemen vermutlich die Wahrscheinlichkeit zu, einen Versuch der Entwöhnung zu unternehmen. Dieser Versuch ist je nach

Person und ihrer Persönlichkeitsstruktur aber unterschiedlich wahrscheinlich. Bei Unternehmen und Organisationen sieht dies keineswegs besser aus, vielmehr ist durch das Zusammenwirken von Menschen als Gruppe eher das Gegenteil zu erwarten und individuelles Sträuben gegen Einsicht und Wandel findet nicht selten noch soziale Verstärkung durch andere.

Nicht Wandeln-Wollen, das Beispiel eines Herstellers von Fotoapparaten

Ein Hersteller von hochwertigen, hochpreisigen Fotoapparaten, die vor allem auf überlegene Optik setzen, hat gerade viele Millionen in ein neues Werk investiert, mit Produktionsanlagen für analoge Geräte. Am Markt kommen bereits die ersten Digitalkameras auf. Der Vorstand berät, ob man künftig auch auf Digitalkameras setzen sollte. Der Marktforschungsleiter sieht einen eindeutigen Trend in diese Richtung. Der beim Vorstand einflussreiche, schon lange im Hause dienende Produktionsleiter glaubt nicht daran, da die Bildqualität der analogen Fotoapparate (noch) überlegen ist. Das Unternehmen beschließt folglich, weiterhin auf analoge Kameras zu setzen, gerät ökonomisch in eine Schieflage und muss nach einigen Jahren Überlebenskampf schließlich Konkurs anmelden.

Beispiele wie das obige gibt es viele und namhafte:

- Der finnische Technologiekonzern Nokia war viele Jahre lang Marktführer im Segment Mobiltelefone. Allerdings verschloss man die Augen vor dem Trend der aufkommenden Smartphones, der vor allem durch den Launch des ersten iPhones von Apple ausgelöst wurde und unterschätzte auch die Stärke des neuen Konkurrenten am Markt. Das Ganze endete mit einer veritablen Unternehmenskrise und schließlich dem Verkauf der Handysparte an Microsoft in 2013 (die schließlich Nokia 2016 ihrerseits weiterverkauften).
- Prominent ist auch das Beispiel Kodak. Der amerikanische Gigant dominierte jahrzehntelang das Geschäft mit analogem Filmmaterial im Bereich Fotografie. Auch Kodak hatte die Zeichen der

Digitalisierung unterschätzt und war vom raschen Wechsel der Verbraucher von der analogen hin zur digitalen Fotografie überrascht, der das Unternehmen deshalb quasi unvorbereitet traf. Die Insolvenz im Jahre 2012 war die logische Folge. In 2013 konnte man die Insolvenz jedoch hinter sich lassen, agiert heute aber eher als Nischenanbieter für Spezialmaterialien im Bereich Bildreproduktion.

Was an Beispielen wie diesen überrascht, ist, dass solche Unternehmen doch vermeintlich von Branchenkennern geführt werden und alle Möglichkeiten der Marktanalyse besitzen. Wie können Top-Manager zu solchen Fehleinschätzungen gelangen, wo doch selbst der eine oder andere Laie diese Gefahren deutlich gesehen hat. Bevor ich diese Frage eingehend beantworte, ist der Hinweis angebracht, dass es sich bei diesen Beispielen eher um die Regel als die Ausnahme im Reich der Unternehmen handelt.

Gemäß Abb. 1.1, die auf empirischen Untersuchungen beruht (Kraus & Haghani, 2004), handeln die allermeisten Unternehmen erst, wenn sich Krisensymptome bereits deutlich im finanziellen Bereich abbilden (Ergebniskrise), einige sogar erst, wenn schon die Insolvenz droht. Aber auch die Reaktion in der Ergebniskrise ist in vielen Fällen schon zu spät, da der Handlungsdruck bereits deutlich gewachsen ist, der Handlungsspielraum sich jedoch erheblich verkleinert hat. Denn auf der einen Seite drohen die finanziellen Mittel knapp zu werden, und auf der anderen Seite hinkt man bereits externen Entwicklungen, etwa neuen Technologien oder Konkurrenzprodukten, hinterher. Beides führt nicht zur Aussicht, die Lücke noch schließen zu können. Deshalb wäre ein frühzeitiges Reagieren zu Beginn der sogenannten strategischen Krise angezeigt. Ab diesem Zeitpunkt ist absehbar, dass ein „weiter so" unweigerlich zu Probleme führen wird. Die Probleme selbst sind aber noch nicht wirklich existent und schon gar nicht existenzbedrohend, was Raum für erforderlichen Wandel gäbe. Genau diese (Noch-)Nicht-Existenz der Probleme ist aber das Fatale, erleichtert sie doch, die Augen vor dem, was (unweigerlich) kommt, leichter zu schließen und notwendigen Wandel herauszuschieben.

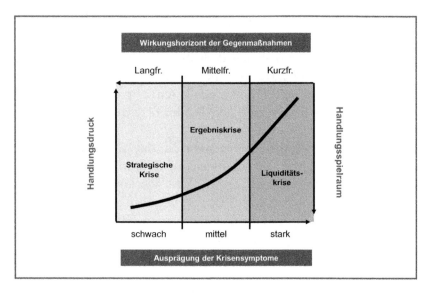

Abb. 1.1 Handlungsdruck und Handlungsspielräume in Krisensituationen. (In Anlehnung an Kraus & Haghani, 2004, S. 16)

Problem verschleppter Wandel

Viele Unternehmen unterschätzen die Notwendigkeit von Wandel und warten bis zu einem Zeitpunkt, an dem sich externer Wandlungsdruck bereits deutlich negativ auf finanzielle Kennzahlen auswirkt. Nicht selten ist dann schon der Zeitpunkt für erfolgreiches Gegensteuern überschritten.

Aber warum werden die Augen vor dem notwendigen Wandel überhaupt verschlossen. Bevor ich darauf im Detail eingehe, möchte ich Sie mit einer zunächst vielleicht seltsam anmutenden These konfrontieren: Der moderne Mensch ist im Wesentlichen noch ein Steinzeitwesen!

Je nach Betrachtung bis zu eine Million Jahre lebten Menschen unter Steinzeitbedingungen, und gerade einmal rund 5.000 Jahre in der Nachsteinzeit. Zur Unterfütterung dieser These hilft das Faktum, dass ca. 60.000 Generationen des modernen Menschen in der Steinzeit gelebt haben und seitdem gerade einmal ca. 180 Generationen in der Nachsteinzeit vergangen sind. Das hat Auswirkungen auf die genetische und die soziale Evolution, also darauf, wie unser Gehirn funktioniert, aber auch darauf, wie wir uns als Gruppen verhalten (Gebauer, 2001). Beide Aspekte möchte ich nun im Folgenden näher beleuchten.

1.3.1 Individuelle Ursachen für das Unterlassen von Wandel

Im Hinblick auf das Individuum ist vor allem die Evolution unseres Gehirns von Bedeutung für den Umgang mit Wandel. Man weiß aus einer ganzen Reihe an Teilgebieten der Psychologie, dass unser Gehirn historisch gewachsen ist und Mechanismen besitzt, die einst lebenswichtig waren, in der modernen Welt aber hinderlich sein können. So ist das Ausschütten von Adrenalin und der folgende Fluchtreflex in steinzeitlichen Gefahrensituationen, etwa der Konfrontation mit einem gefährlichen Tier, durchaus sinnvoll gewesen, erweist sich aber heute in Situationen mit sozialem Stress statt physischer Gefahr eher als kontraproduktiv, etwa in Form von Angststörungen (Morschitzky, 2009). Ähnlich verhält es sich mit der Reaktion auf veränderte Umweltbedingungen und der Bereitschaft etwas zu verändern. Die Steinzeit war eine äußerst stabile Zeit. Technologischen, politischen oder gesellschaftlichen Wandel, wie wir ihn heute fast täglich erleben, gab es quasi in überschaubaren Zeiträumen nicht. In einer solchen Situation war es von Vorteil, eher beim Bewährten zu bleiben, anstatt etwas Neues auszuprobieren, denn jede Neuerung birgt zumeist auch Risiken. Wenn sich aber, wie heutigentags permanent, die Umweltbedingungen, Technologien, gesellschaftliche Werthaltungen oder die politische Lage ändern, ist es in der Regel erforderlich, etwas Neues zu probieren, denn unterlassene Anpassung an die geänderten Bedingungen führt mit hoher Wahrscheinlichkeit zu einem Ausselektieren des eigenen Unternehmens am Markt (Lauer, 2019). Unser Gehirn besitzt aber Mechanismen, die diese Anpassung verhindern, vor allem die Einsicht in die Probleme des Status Quo, um in der Sprache der Formel von Gleicher zu bleiben (Abschn. 1.2). Zwei dieser Mechanismen möchte ich hier kurz erläutern:

- *Satisficing-Verhalten:* Nach Herbert A. Simon, Nobelpreisträger der Wirtschaftswissenschaften, sind Menschen als Wirtschaftssubjekte eher Satisfizierer als Optimierer (Simon, 1982). Satt nach dem Besten zu streben und alle Hebel in Bewegung zu setzen, das Optimum zu erreichen, begnügen wir uns mit zufriedenstellenden Zuständen. Vor allem besitzen wir Menschen die Tendenz, in diesen Zuständen zu verharren. Eine Abkehr vom Status Quo kommt nur dann zustande, wenn extreme Unzufriedenheit eintritt. Dies korrespondiert mit der obigen Erkenntnis, dass die Mehrzahl der Unternehmen erst mit Wandel reagiert, wenn es zu finanziellen Einbußen kommt (s. Abb. 1.1).
- *Vermeidung kognitiver Dissonanz:* Die Theorie von der kognitiven Dissonanz (Festinger, 1978) gibt uns einen detaillierteren Einblick in unsere Denkprozesse und warum wir Wandel unterlassen, auch wenn dessen Notwendigkeit offensichtlich ist. Demnach streben Menschen nach Harmonie, leider nicht immer mit ihren Mitmenschen, sondern vielmehr nach Harmonie in ihrer eigenen Gedankenwelt. Sich widersprechende Gedanken oder Bewusstseinsinhalte (der Fachbegriff dafür lautet Kognitionen) erzeugen inneren Stress (Dissonanz) und wir versuchen, diesen innerlich zu beheben. Wenn etwa das bisherige Handeln auf Strategie A ausgerichtet war, nun aber eine Information ans Ohr der Entscheider dringt, die die Richtigkeit von A massiv infrage stellt, so stellen Menschen in der Regel nicht etwa A infrage, sondern die widersprechende Information. So erklärt sich, warum erfahrene Manager die offensichtlichen Trends hin zum Smartphone (Nokia) oder zur digitalen Fotografie (Kodak) übersehen konnten. Unser Gehirn hält eine ganze Reihe an Mechanismen bereit, um uns selbst zu täuschen. Diese sind vor allem die Vermeidung, die Abwertung oder die Verleugnung widersprechender (dissonanter) Informationen. So könnte man sich ein widersprechendes Marktforschungsergebnis mit dem Glaubenssatz „die Marktforschung hat sich auch schon oft geirrt", schönreden oder das Gespräch mit Personen oder die Lektüre von Quellen, die divergente Ansichten vertreten, von vornherein meiden. Zusätzlich gibt es die Neigung, aktiv nach konsonanten Informationen Ausschau zu

halten, also das Gespräch mit Personen zu suchen, von denen man *ex ante* weiß, dass sie die gleiche Meinung vertreten.

Psychologische Mechanismen gegen notwendigen Wandel

Menschen besitzen psychologische Mechanismen, die dazu führen, die Notwendigkeit von Wandel zu unterschätzen oder in Abrede zu stellen. Erst bei großer Unzufriedenheit mit dem Status Quo wird dieser infrage gestellt und Alternativen, etwa neue Strategien, erwogen. In unternehmerischen Zusammenhängen ist es dann aber oft schon zu spät.

Die Vermeidung kognitiver Dissonanz ist ein empirisch ausgiebig untersuchter Aspekt und stellt eine Art psychologischer Gesetzmäßigkeit dar. Erfahrene Manager sind vor ihr genauso wenig gefeit wie Professoren oder Studierende, das gilt auch für unsere Neigung zu Satisfizieren. Positiv ist jedoch, und deshalb ist es wichtig auf diese Aspekte hinzuweisen, dass das Wissen um Verzerrungsmechanismen in unserem Gehirn hilft, diese zu Verringern und bessere Entscheidungen zu treffen (Werth, 2004).

1.3.2 Kollektive Ursachen für das Unterlassen von Wandel

Oben habe ich bereits erwähnt (Abschn. 1.2), dass Wandel in Organisationen oder Unternehmen nochmals schwerer ist als Wandel in Bezug auf die eigene Person. Dafür ist aber nicht nur verantwortlich, dass man andere von den eigenen Ideen überzeugen muss, vielmehr gibt es ähnlich wie im Gehirn des Einzelnen (Abschn. 1.3.1) auch in Gruppen Mechanismen, die Wandel eher bremsen oder gar verhindern. Eingedenk der Tatsache, dass die meisten Generationen der Menschheit in der Steinzeit gelebt haben (Abschn. 1.3), hat auch die *soziale* Evolution dazu beigetragen, eher auf Beständigkeit als Wandel zu achten. Zwei Aspekte seien dazu beispielhaft angeführt:

- *Starke Unternehmenskulturen:* Unternehmenskulturen gelten als einer der wesentlichen Erfolgsfaktoren im Bereich der Unternehmensführung

(Peters & Waterman, 1982). Sie fördern das Wohlbefinden der Mitarbeiter, erhöhen so deren Motivation und sorgen für ein reibungsloses Miteinander im Unternehmen, ohne dass sichtbare disziplinarische Maßnahmen notwendig sind. Wenn die Mitglieder einer Organisation oder eines Unternehmens fast durchgängig die gleichen Werthaltungen besitzen und wie selbstverständlich die gleichen Verhaltensregeln befolgen, spricht man von einer *starken* Unternehmenskultur. „Stark" ist hier nicht automatisch mit „gut" zu übersetzen, denn neben den erwähnten positiven Aspekten sind hier auch die dysfunktionalen Auswirkungen von Unternehmenskulturen besonders ausgeprägt. Denn dort, wo (fast) alle das gleiche denken, gibt es wenig Raum für abweichende Meinungen. Abweichende Meinungen sind aber wichtig, um das bisherige Tun, etwa die bisherige strategische Richtung, infrage zu stellen und somit Wandel einzuleiten. Starke Unternehmenskulturen können sich hier aber schnell als Potenzierer der ohnehin vorhandenen individuellen Tendenz zur Verleugnung der Notwendigkeit von Wandel erweisen (Abschn. 1.3.1) Abweichende Meinungen werden in solch starken Kulturen eher sozial negativ sanktioniert, etwa durch missbilligende Bemerkungen oder gar sozialen Ausschluss. Gerade also Unternehmen mit starken Kulturen, die nicht selten durch Jahre oder Jahrzehnte des Erfolgs entstehen, sind anfällig für das Übersehen von externen Entwicklungen, die eigentlich der Anpassung der eigenen Strategie bedürften. Das erklärt nochmals, warum so erfolgreiche Konzerne wie Nokia oder Kodak die Zeichen der Zeit übersehen konnten.

- *Groupthink:* Neben den starken Unternehmenskulturen gibt es mit Group Think noch ein weiteres Phänomen, welches erklärt, wie vermeintliche Experten gemeinschaftlich irren können (Werth, 2004). Groupthink betrifft nicht notwendigerweise das ganze Unternehmen, sondern ist ein sozial-psychologischer Mechanismus, der in kleineren Gruppen, etwa Expertenrunden oder Top-Manager-Zirkeln, auftreten kann. Gerade Experten haben oft dieselbe Ausbildung genossen und wenden damit die gleichen Denkschemata an. Phänomene werden somit auf Basis der gleichen Theorien gedeutet oder aus dem Blickwinkel des durch die Expertise verengten Horizonts. Sie selbst kennen dieses Phänomen eventuell von Fachärzten. Ein Neurologe vermutet hinter einem Symptom am ehesten ein Nervenleiden, ein Orthopäde ein Problem mit Sehnen oder Muskeln und der Allergologe eine Fehlernährung. So ähnlich verhält es sich auch im Wirtschaftsalltag. Gerade die vermeintlichen Branchenexperten urteilen auf Basis ihres letztlich vergangenheitsbezogenen Branchenwissens und sind besonders anfällig dafür, grundsätzliche Änderungen, also disruptiven Wandel, nicht rechtzeitig zu erkennen.

> **Die dysfunktionale Wirkung starker Unternehmenskulturen**
>
> Gerade Unternehmen mit ausgeprägten, sogenannten starken Unternehmenskulturen unterliegen der Gefahr, dass abweichendes Denken in der Organisation negativ sanktioniert wird und damit Hinweise auf notwendigen Wandel unterbleiben oder nicht beachtet werden.

Zusammenfassend lässt sich festhalten: Individuelle Denkmechanismen und soziale Einflussprozesse laufen in die gleiche Richtung. Es entsteht die Gefahr, dass Hinweise auf die Notwendigkeit von Wandel übersehen oder gar geleugnet werden. Die psychischen Kosten des Wandels, sich etwa als Einzelner gegen die Meinung der Gruppe zu stellen oder die Widersprüche zwischen dem bisherigen Handeln und den widersprechenden neuen Informationen zu ertragen, sind dabei entscheidende Hemmnisse. Rationale Argumente, etwa die Kosten, die ein Wandel verursacht, erweisen sich bei näherem Hinsehen nicht selten als Ausdruck genau solcher Mechanismen. So ist die vermeintliche Scheu vor einer großen Investition in eine zukunftsträchtige Technologie in den Fällen, wo man doch gerade noch in die alte Technologie investiert hat, betriebswirtschaftlich nicht rational, denn das bereits getätigte Investment war ein Fehler und die Kosten sind für die Zukunft nicht mehr entscheidungsrelevant und somit Sunk Costs, also unwiederbringliche Ausgaben. Ein Festhalten an einer Fehlinvestition ist genauso wenig rational wie der Verzehr eines völlig versalzenen Mittagessens mit der Argumentation, man habe die Zutaten ja schon bezahlt. Das eigentliche

Problem ist die Einsicht und das Eingeständnis der vorausgegangenen Fehlentscheidung, welches die genannten psychologischen und sozial-psychologischen Mechanismen der Verdrängung aktiviert. Fehler sind aber nicht nur menschlich, sie lassen sich in einer solch dynamischen Umwelt, wie wir sie erleben, gar nicht vermeiden. Ihre möglichst zügige Korrektur stellt die eigentliche Managementleistung dar.

Denkfalle Sunk Costs

Wenn Kostenargumente gegen notwendigen Wandel vorgebracht werden, vor allem mit gerade erfolgten Investments in die bisherige Strategie argumentiert wird, sollten Sie genauer betrachten, ob es sich dabei nicht um Sunk Costs handelt, also Kosten, die ohnehin unwieder-bringlich verausgabt wurden und die für zukünftige Entscheidungen keine Relevanz mehr besitzen.

1.4 Erscheinungsformen und Ursachen von Widerständen

Hat sich die Führungsspitze eines Unternehmens oder einer Organisationseinheit zum Wandel entschlossen und wurden die Denkhemmnisse aus Abschn. 1.3 erfolgreich umschifft, ist damit erst ein Etappenziel erreicht. Im nächsten Schritt gilt es, nachgelagerte Managementebenen und die betroffenen Mitarbeiter von der Notwendigkeit und der Richtung des Wandels zu überzeugen und diese Überzeugung in einen anhaltenden Einsatz für den Wandel umzu-münzen. Dieser Punkt ist kritisch, denn in aller Regel kommt es hierbei zu mehr oder weniger offensichtlichen Widerständen.

1.4.1 Formen von Widerständen

Widerstände begleiten fast alle Formen von Wandel. Je weiter in der Hierarchie die Betroffenen von den Initiatoren des Wandels entfernt sind, desto stärker sind Widerstände in der Regel ausgeprägt. In den meisten Fällen ist das mittlere Management die erste Ebene, in der es deutlich wahrnehmbare Widerstände gegen Unternehmenswandel gibt, sofern dieser vom Top-Management ausgeht (Capgemini, 2003). Widerstände sind aber nicht immer direkt als solche zu erkennen. Abb. 1.2 zeigt in Form einer Vier-Felder-Tafel mögliche Ausprägungen von Widerständen (Doppler & Lauterburg, 2002).

Demnach lassen sich Widerstände anhand von zwei Dimensionen klassifizieren. Auf der einen Seite können Widerstände danach unterschieden werden, ob sie eher aktiv, im Sinne eines Angriffs, erfolgen, oder ob es sich eher um passive Formen, etwa eine Art „Flucht" vor der neuen Situation, handelt. Zusätzlich ist eine Unterteilung in sich in Worten äußernden Widerstand (verbal) und solchen, der sich in bestimmten Verhaltensweisen zeigt (non-verbal), möglich. Die versteckteste Form des Widerstands ist dabei der untere rechte Quadrant, die „Lustlosigkeit". Die innere Kündigung ist hiervon eine mögliche Ausprägung, also das Erledigen der zugewiesenen Aufgaben ohne wirkliches Engagement und unter Verlust der Identifikation mit Aufgabe und Unternehmen. Demgegenüber steht der „Widerspruch", als

	Verbal (Reden)	Nonverbal (Verhalten)
Aktiv (Angriff)	**Widerspruch** Gegenargumentation Vorwürfe Drohungen Polemik Sturer Formalismus	**Aufregung** Unruhe Streit Intrigen Gerücht Cliquenbildung
Passiv (Flucht)	**Ausweichen** Schweigen Bagatellisieren Blödeln Ins Lächerliche ziehen Unwichtiges debattieren	**Lustlosigkeit** Unaufmerksamkeit Müdigkeit Fernbleiben innere Emigration Krankheit

Abb. 1.2 Erscheinungsformen von Widerständen. (In Anlehnung an Doppler & Lauterburg, 2002, S. 339)

offensichtlichste Form des Widerstands. Die direkteste Ausprägung ist dabei die Gegenargumentation. Es ist eher die Regel, dass Widerspruch von Mitarbeitern in Unternehmen nicht gern gesehen oder gar sanktioniert wird. Gerade dort, wo eine starke Unternehmenskultur herrscht (Abschn. 1.3.2), ist das Auftreten von „Widerspruch" ob der kulturell verankerten Sanktionsmechanismen durch das unmittelbare Umfeld unwahrscheinlich. Zudem gilt es zu konstatieren, dass sich Führungskräfte durch Widerspruch, und hier ist auch sachlich konstruktiver Widerspruch in Form der Gegenargumentation gemeint, leicht in ihrer Autorität angegriffen fühlen und deshalb solche Verhaltensweisen nicht selten bestrafen. Widerspruch ist aber bei genauerer Betrachtung die beste und in gewisser Weise auch harmloseste Ausprägung des Widerstands. Versteckte Formen des Widerstands, wie etwa die innere Kündigung oder aber auch das Schweigen der Belegschaft in Meetings, greifen zwar nicht direkt das Ego von Führungspersonen an, verhindern aber eventuell, dass der Widerstand überhaupt als solcher erkannt wird. Erstrecht bleiben die Ursachen für sein Erscheinen im Dunkeln. Das dauerhafte Vorhandensein von Widerständen hat aber naturgemäß negative Auswirkungen auf das Unternehmen im allgemeinen und den eingeleiteten Wandel im Besonderen. Lustlose Angestellte oder gar Konflikte zwischen sich bildenden Cliquen unterminieren fraglos den Erfolg. Eine aktive Form des Widerstands, wie die Gegenargumentation, bietet hingegen die Möglichkeit, einen Dialog zu starten. Dieser Dialog kann die Gründe für den Widerstand offenlegen und somit den Verantwortlichen die Möglichkeit geben, auf Basis dieser Gründe Überzeugungsarbeit zu leisten.

Richtiger Umgang mit Widerständen

Widerstände sind ein Symptom, nicht die Ursache für eine Blockadehaltung. Wie in der Medizin auch, macht es Sinn, diese Symptome nicht einfach durch Schmerzmittel, oder hier disziplinarische Maßnahmen, zu unterdrücken, sondern nach den Ursachen zu forschen und an diesen „heilend" anzusetzen.

Das Beispiel der Einführung eines Collaboration-Tools am Beginn des Kapitels (Abschn. 1.1.1) kann hier als Illustration dienen. Zahlreiche

Betroffene haben hier zunächst aktiv-verbalen Widerstand gegen die Einführung des neuen Tools in Form von Beschwerde-Emails geleistet. Damit wurde der Widerstand aber direkt sichtbar und die Initiatoren des Wandels konnten prompt mit konstruktiven Gegenmaßnahmen in Form einer besseren Kommunikation der Gründe für den Wandel und Schulungsangeboten für die Betroffenen reagieren. Hierdurch glätteten sich nicht nur die Wogen schnell, vielmehr wurde das Tool nun auch aktiv genutzt und der Wille, sich mit den Vorteilen und Möglichkeiten vertraut zu machen, wuchs an. Im Falle nur passiver oder non-verbaler Widerstände wäre zwar die Einführung (scheinbar) hingenommen worden, die aktive Nutzung aber vermutlich viel geringer ausgefallen und damit ein wirklicher Erfolg des Tools unterblieben.

> Offener Widerstand, eine Chance! Widerstände gegen Wandel zeigen sich oftmals nur in verdeckter Form. Gerade die verdeckten Widerstände haben aber stark negative Auswirkungen auf das Gelingen von Wandel. Offener, konstruktiver Widerstand in Form der Gegenargumentation bietet hingegen die Chance, in einen konstruktiven Dialog mit den Betroffenen einzusteigen und die Widerstände zu überwinden oder zumindest abzumildern.

Passive und non-verbale Widerstände werden vor allem dort nicht leicht erkannt, wo Initiatoren von Wandel gar nicht mit Widerständen rechnen. In dieser Hinsicht lassen sich Widerstände auch in erklärungsbedürftige und nicht-erklärungsbedürftige unterteilen:

- *Nicht-erklärungsbedürftige Widerstände:* Sie bezeichnen Situationen, in denen die Betroffenen durch den Wandel sichtbare, objektive Nachteile erleiden. Die Extremsituation wäre dabei die Gefahr eines Jobverlusts, wohlgemerkt die tatsächliche Gefahr des Jobverlusts und nicht ein subjektiv befürchteter, der in keiner Weise auf verlautbarten Fakten beruht. Auch Einkommens- und Statusverluste sind in diese Kategorie einzusortieren.
- *Erklärungsbedürftige Widerstände:* Sind keine objektiven und spürbaren Nachteile durch den Wandel vorhanden oder sind die Nachteile gering (z. B. ein einmaliger Lernaufwand zur Bedienung eines

neuen IT-Systems) und werden diese durch eine Reihe an Vorteilen überwogen (z. B. bessere Funktionalitäten eines neuen IT-Systems), so spricht man von erklärungsbedürftigen Widerständen.

Gerade die erklärungsbedürftigen Widerstände machen Wandel schwierig, weil die Initiatoren sich zumeist nicht darauf einstellen und diese Widerstände dann auch womöglich ob ihrer verdeckten Form gar nicht erkannt werden. Erklärungsbedürftige Widerstände sind aber eher die Regel als die Ausnahme. Warum diese auftreten, soll im nächsten Unterkapitel eingehend aufgezeigt werden.

1.4.2 Gründe für das Auftreten von Widerständen

Wenn Widerstände gehäuft auftreten, ohne dass ein wesentlicher objektiver Grund dafür ersichtlich ist, muss es subjektive Gründe geben. Diese hängen nicht zuletzt mit dem uns eigenen Widerwillen gegen Wandel zusammen, wie er in Abschn. 1.3 bereits ausführlich thematisiert wurde. Durch bestimmte Umstände wird dieser Widerwillen aber quasi getriggert und die Wahrscheinlichkeit seines Auftretens als auch dessen Stärke beeinflusst. Drei Aspekte, die sich häufig in der Praxis im Zusammenhang mit Wandel finden lassen, möchte ich dazu aufführen:

- *Reaktanz:* Reaktanz bezeichnet ein Verhalten, bei dem Menschen Widerstand gegen Dinge leisten, zu denen sie mehr oder weniger gezwungen werden, man könnte es mit einem Alltagsbegriff auch als „Trotz" bezeichnen. So war im Beispiel mit der Einführung eines Collaboration-Tools (Abschn. 1.1.1) Widerstand gegen die kurzfristige und bedingungslose Umstellung zu erwarten. Denn diese war zwingend, da die bisher genutzten Alternativen abgeschaltet wurden. Zwang führt aber psychologisch dazu, dass die „verbotene" Alternative noch an Attraktivität gewinnt. Das genaue Gegenteil von dem, was bezweckt werden sollte.
- *Angst vor Überforderung:* Nicht selten erfordert Wandel auch neue Kompetenzen durch die Betroffenen: Eine Änderung der Einstellung,

den Erwerb zusätzlichen Wissens oder das Lernen von neuen Fähigkeiten. Dies ist nicht nur anstrengend, vielmehr droht eine Überforderung mit der Situation und das Erleben persönlicher Misserfolge. Widerstand aus dieser Quelle ist umso wahrscheinlicher, je bedeutender die eigene Leistung und der Erfolg im Beruf eingestuft werden und vom Wandel tangiert werden.

- *Ablehnung von Fremden:* Wandel geht nicht selten mit einer Umorganisation einher. Bestehende Organisationseinheiten werden aufgelöst oder verändert. Man bekommt neue Kollegen oder Vorgesetzte oder es wirken Externe, etwa Berater, am Wandel mit. Psychologische Studien, und leider auch die Wirklichkeit, belegen, dass Menschen eine Ablehnung von Fremden innewohnt, diesen etwa mit negativen Vorurteilen begegnet wird (Wagner et al., 2000). Dabei muss es sich nicht um rassistische Auswüchse handeln, sondern es kann schon ausreichen, dass es sich um Angehörige der Nachbarabteilung, eines anderen Unternehmensbereichs oder einer anderen Profession (Juristen, IT-Experten etc.) handelt, damit dieser Mechanismus Wirkung entfaltet. Dabei werden bei den Personen, die als Fremde betrachtet werden, vor allem die Unterschiede wahrgenommen, wenn auch der überwiegende Teil, Aussehen, Verhalten etc., gleich sind.

Dass genau diese drei Aspekte Wandel behindern können, wird deutlich, wenn man sich vor Augen führt, dass Wandel eigentlich besonders motivierte Mitarbeiter erfordern würde. Im besten Fall ist die Form der Motivation dabei intrinsisch, das heißt, die Mitarbeiter erkennen Sinn in ihrer Tätigkeit, haben Spaß daran und verrichten diese aus eigenem Antrieb heraus gern. In diesem Fall bedarf es keiner zusätzlichen äußeren, extrinsischen Anreize, etwa eines Erfolgsbonus, um gute Ergebnisse zu erzielen. Die Arbeit wird im Falle der intrinsischen Motivation auch ohne diese Anreize als erfüllend erlebt. Edward L. Deci und Richard M. Ryan haben in ihrer Selbstbestimmungstheorie der Motivation aufgezeigt, wovon intrinsische Motivation abhängt (Deci & Ryan, 1985): a) dem Ausmaß vorhandener Autonomie, b) der sozialen Eingebundenheit in eine Gruppe und schließlich c) dem eigenen Kompetenzerleben bei der Ausführung einer Tätigkeit. In Situationen des Wandels sind aber genau diese drei Aspekte, wie oben gesehen, gefährdet. Betroffene werden zu einer Veränderung ihres Verhaltens „gezwungen" (etwa zur Nutzung eines neuen IT-Systems), sie werden eventuell aus ihren vertrauten sozialen Zusammenhängen im Unternehmen durch Reorganisation herausgerissen und sie müssen neue Kompetenzen an den Tag legen, von denen sie nicht wissen, ob sie sich diese erfolgreich aneignen können.

Faktoren, die die Wahrscheinlichkeit von Widerständen erhöhen

Beinhaltet Wandel, dass neue Verhaltensweisen vorgeschrieben werden, Mitarbeiter mit neuen Kollegen oder Vorgesetzten konfrontiert werden oder neues Wissen oder neue Fähigkeiten notwendig sind, um im Beruf erfolgreich zu sein, so erhöht sich die Wahrscheinlichkeit von Widerständen durch die Betroffenen.

Abschließend soll noch auf einen weiteren Aspekt eingegangen werden, der Widerstände heraufbeschwören kann: kommunikative Missverständnisse. Gerade die erklärungsbedürftigen Widerstände (Abschn. 1.4.1) haben nicht selten ihre Ursache in kommunikativen Missverständnissen.

Kommunikative Missverständnisse beruhen allgemein auf der unterschiedlichen Interpretation von Gesagtem auf Basis der jeweils eigenen Annahmen. Erklärbar werden solche Interpretationsfehler vor dem Hintergrund des sogenannten Eisberg-Modells der Kommunikation. Demnach befindet sich der überwiegende Teil dessen, was mit einer Botschaft vermittelt werden soll, unter der sichtbaren Oberfläche der faktischen Worte (wie bei der Masse eines Eisbergs) und bedarf der richtigen Deutung des Empfängers der Botschaft. Das Vier-Seiten-Modell der Kommunikation des Kommunikationswissenschaftlers Friedemann Schulz von Thun zeigt besonders eindrücklich auf, wie durch falsche Interpretation des unterschwelligen Anteils der Kommunikation Missverständnisse entstehen können (Schulz von Thun, 2008).

Gemäß des Modells (Abb. 1.3) hat jede Botschaft vier Seiten. Unstrittig ist dabei lediglich die oberste Seite, die Sachaussage. Die Selbstoffenbarung (Was hält der Sender der Botschaft von der Sache?),

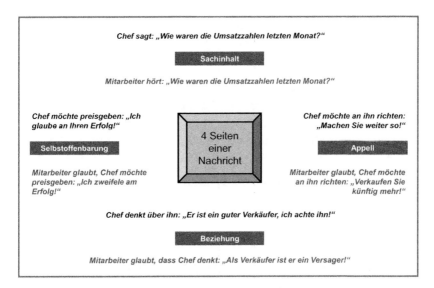

Chef sagt: „Wie waren die Umsatzzahlen letzten Monat?"

Sachinhalt

Mitarbeiter hört: „Wie waren die Umsatzzahlen letzten Monat?"

Chef möchte preisgeben: „Ich glaube an Ihren Erfolg!"

Selbstoffenbarung

Mitarbeiter glaubt, Chef möchte preisgeben: „Ich zweifele am Erfolg!"

4 Seiten einer Nachricht

Chef möchte an ihn richten: „Machen Sie weiter so!"

Appell

Mitarbeiter glaubt, Chef möchte an ihn richten: „Verkaufen Sie künftig mehr!"

Chef denkt über ihn: „Er ist ein guter Verkäufer, ich achte ihn!"

Beziehung

Mitarbeiter glaubt, dass Chef denkt: „Als Verkäufer ist er ein Versager!"

Abb. 1.3 Das Vier-Seiten-Modell der Kommunikation. (Eigenes Beispiel, Modell auf Basis von Schulz von Thun, 2008, S. 14)

der Appell (Was möchte der Sender der Botschaft beim Empfänger damit bezwecken?) und die Beziehung (Was hält der Sender der Botschaft vom Empfänger?), unterliegen hingegen der jeweiligen Interpretation und können zu Missverständnissen führen, wie in Abb. 1.3 an einem Beispiel aus dem betrieblichen Alltag aufzeigt wird. Gestik, Mimik und Tonfall helfen, Botschaften richtig zu dechiffrieren, etwa Ironie zu erkennen und so Missverständnisse zu vermeiden. Aus diesem Grund besitzt die persönliche Kommunikation gerade bei kritischen Botschaften große Vorteile gegenüber der rein medialen. Wird ein geplanter Wandel aber zum Beispiel nur schriftlich, per Email durch das Management angekündigt, ist die Gefahr des Auftretens kommunikativer Missverständnisse groß. Ein typisches Phänomen im Rahmen von Unternehmenswandel ist etwa der Glaube seitens der Belegschaft, Veränderungen sollen letztlich zu Job-Abbau führen (auch wenn das nicht intendiert ist) oder dienen nur dazu, dass sich das Top-Management eigene Vorteile sichert. Natürlich gibt es in der Praxis leider Wandel, der durch solche Motive initiiert wird, aber

auch in den überwiegenden Fällen, wo Ziele verfolgt werden, die auch
für die Betroffenen letztlich lohnend sind, kann eine unzureichende
Kommunikation schnell genau zu solchen Fehleinschätzungen führen.

Primat der persönlichen Kommunikation

Gerade im Rahmen von Unternehmenswandel ist die Gefahr
kommunikativer Missverständnisse groß. Deshalb sollte, wo es möglich ist,
die persönliche Kommunikation vor der rein medialen bevorzugt werden,
da diese über Gestik, Mimik und Tonfall die Bedeutung des Gesagten ein-
deutiger macht und so die Gefahr von Missverständnissen verringert.

1.5 Ein Erfolgsfaktorenmodell des Change Managements

Fasst man alles zusammen, was in den vorigen Abschnitten über die
Erfolgsvoraussetzungen, aber auch die Hindernisse von Wandel gesagt
wurde, so gelangt man zu einem Modell der Erfolgsfaktoren des Change
Managements, welches den weiteren Ausführungen in diesem Buch
zugrunde gelegt wird und wie es in Abb. 1.4 zu sehen ist.

Auf Basis der Formel von Gleicher (Abschn. 1.2) und den Ausführungen zur generellen Veränderungsträgheit von Personen und
Organisation (Abschn. 1.3) sowie den zu erwartenden Widerständen
gegen geplanten Wandel (Abschn. 1.4) ergeben sich die vier Erfolgsbau-
steine und neun Erfolgsfaktoren, wie sie auch in Abb. 1.4 zu sehen sind.

Zum Gehen der ersten Schritte in Richtung Wandel, muss eine
Unzufriedenheit mit dem Status Quo vorliegen. Dieser Impuls soll im
Folgenden mit *Startmotivation* bezeichnet werden. Hier gilt es, die vorhandene Trägheit zu überwinden. Maßgeblich dafür ist in aller Regel
eine *Person* oder ein Personenkreis, der diese Probleme und den daraus
resultierenden Veränderungsbedarf offen ansprechen kann. Damit
dies ohne Abstrafung des Überbringers der „negativen" Botschaft
geschieht, muss diese Person von Vornherein Akzeptanz genießen. Der

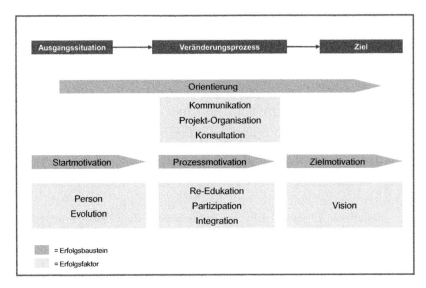

Abb. 1.4 Das Modell der Erfolgsfaktoren des Change Managements

Kommunikationswissenschaftler Friedemann Schulz von Thun hat dies in seiner sogenannten Zauberformel zum Ausdruck gebracht (Schulz von Thun, 2008):

$$A + K = E$$

Hierbei stehen „A" für Akzeptanz, „K" für Konflikt und „E" für Entwicklung. Demnach entsteht Entwicklung durch ein Aufeinandertreffen von Konflikt und Akzeptanz. Ohne Konflikt, also ohne Konfrontation mit der Wahrheit, dass ein „weiter so" nicht ohne größere Nachteile möglich ist, fehlt die notwendige Einsicht in die Probleme des Status Quo. Eine Konfrontation mit dieser unbequemen Wahrheit stellt aber die Organisation selbst, vor allem ihr Selbstverständnis infrage. Die Gefahr, „dass der Übermittler dieser Botschaft gehenkt wird," ist deshalb nicht nur sprichwörtlich gegeben. Als Impulssetzer für den Wandel eigenen sich also folglich solche Personen, die bereits eine hohe Akzeptanz und ein hohes Vertrauen genießen und die in der Lage sind, diese Botschaft so zu kommunizieren, dass die betroffene Organisation trotz aller Kritik nicht abgewertet wird.

Um zu wissen, wohin der Wandel das Unternehmen oder die Organisation führen soll, benötigt man eine klare Vision. Dieser Aspekt stellt die *Zielmotivation* dar. Zielmotivation entsteht dort, wo eine *Vision,* also ein von fast allen als positiv wahrgenommenes, herausforderndes, aber machbares Zukunftsbild existiert.

Ferner muss den Betroffenen bekannt sein, welches die ersten Schritte auf dem Weg der Veränderung sind. Dieser Aspekt kann allgemein mit *Orientierung* beschrieben werden. Orientierung benötigt man aber nicht nur am Beginn des Wandels, sondern über alle Phasen hinweg. Gerade in Zeiten der Unsicherheit, und Wandel gehört dazu, ist Orientierung eine wesentliche Voraussetzung der Beruhigung einer Situation. Orientierung ergibt sich aus dem Zusammentreffen von zwei Aspekten, Information und Struktur. Information wird durch ausreichende und angemessene *Kommunikation* vermittelt. Kommunikation über das Warum des Wandels, das Wohin und das Wie. Aber auch darüber, was man schon auf diesem Weg erreicht hat. Struktur ergibt sich im Rahmen eines Wandels durch die klare Benennung von Zuständigkeiten und Prozessen, also die *Projekt-Organisation.* Um diese Prozesse professionell zu steuern und bei drohenden Konflikten möglichst neutral zu moderieren, kann die Einbindung externer Spezialisten sinnvoll sein. Dieser Aspekt sei mit *Konsultation* bezeichnet.

Wichtig ist, nach den ersten Schritten nicht an Veränderungsmotivation einzubüßen, sondern auch bei Rückschlägen das Ziel nicht aus den Augen zu verlieren. Diese Fähigkeit wird im Folgenden als Prozessmotivation bezeichnet. Gerade die Prozessmotivation wird durch aufkommende Widerstände leicht untergraben. Deshalb gilt es hier, gezielt an den Ursachen der Widerstände anzusetzen (Abschn. 1.4.2).

- Zur Verminderung von Reaktanz, die sich aus fehlender Autonomie ergibt, hilft die Beteiligung der Betroffenen an der Gestaltung des Wandels in Form breit angelegter *Partizipation.*
- Der Angst vor Überforderung durch benötigte, aber noch nicht oder nicht ausreichend vorhandene Kompetenzen kann mit zahlreichen Maßnahmen der Personalentwicklung entgegengewirkt werden. Der dazugehörige Erfolgsfaktor wird mit *Re-Edukation* bezeichnet.

- Damit die Zusammenarbeit mit vormals Fremden gelingt, die vor allem im Rahmen einer Reorganisation oder eines M&A als Herausforderung auftritt, bedarf es gezielter Maßnahmen der *Integration*.

Dies alles geht leichter vonstatten, wenn es sich in einem Unternehmen oder einer Organisation abspielt, die grundsätzlich offener für Wandel ist und sich als lern- und veränderungsfähig erweist. Aspekte, die zu dieser Veränderungsfähigkeit einer Organisation beitragen, werden unter dem Erfolgsfaktor *Evolution* subsummiert.

> **Erfolgsfaktoren des Wandels** Neun Erfolgsfaktoren sind maßgeblich dafür, dass Wandel gelingt:
>
> - Eine *Person* oder Personengruppe, die die Organisation von der Notwendigkeit des Wandels überzeugt
> - Eine klare *Vision* im Hinblick auf die Ziele des Wandels
> - Die umfassende *Kommunikation* der Gründe, Ziele und Ergebnisse des Wandels
> - Die Definition von klaren Zuständigkeiten und Prozessabläufen bei der Veränderung *(Projekt-Organisation)*
> - Die Beteiligung der Betroffenen an der Ausgestaltung des Wandels *(Partizipation)*
> - Die rechtzeitige Befähigung der Betroffenen, sich notwendige neue Kenntnisse und Kompetenzen anzueignen *(Re-Edukation)*
> - Die *Integration* von Personen und Gruppen, die zu neuen Organisationseinheiten verschmolzen werden
> - Die Hinzuziehung von externen Experten, wenn wenig Erfahrung in der Steuerung von Wandel vorhanden oder eine neutrale Moderation der Veränderungsprozesse vonnöten ist *(Konsultation)*
> - Die Schaffung eines Klimas, das offen für Veränderungen ist *(Evolution)*.

Kap. 2 wird die sich so ergebenden neun Erfolgsfaktoren näher beleuchten und insbesondere typische Fehler behandeln, die in der Praxis in Bezug auf diese Erfolgsfaktoren gemacht werden, aber vor allem auch, was es zu berücksichtigen gilt, um diese Erfolgsfaktoren fruchtbar zur Entfaltung zu bringen.

Ihr Transfer in die Praxis

- Fragen Sie sich selbstkritisch, ob in Ihrem Unternehmen notwendiger Wandel nicht zu sehr hinausgezögert wird.
- Kündigen Sie geplanten Wandel rechtzeitig an und informieren Sie die Betroffenen über dessen Notwendigkeit, die damit verbundenen Ziele und die geplanten Schritte.
- Rechnen Sie bei der Initiierung von Wandel mit Widerständen, diese sind normal.
- Begegnen Sie Widerständen konstruktiv im Dialog statt diese mit disziplinarischen Maßnahmen zu unterbinden.

Literatur

Bruch, H. (2006). Handeln von Leadern – Energie, Fokus und Willenskraft erfolgreicher Führungskräfte. In H. Bruch, S. Krummaker, & B. Vogel (Hrsg.), *Leadership – Best Practices und Trends* (S. 13–24). Gabler.

Capgemini. (2003). *Change management 2003/2008. Bedeutung, Strategien, Trends.* Capgemini.

Deci, E. L., & Ryan, R. M. (1985). *Intrinsic motivation and self-determination in human behavior.* Plenum.

Doppler, K., & Lauterburg, C. (2002). *Change management. Den Unternehmenswandel gestalten* (10. Aufl.). Campus.

Eaton, M. (2010). Why change programs fail. *Human Resource Management International Digest, 18*(2), 37–42.

Festinger, L. (1978). *Theorie der kognitiven Dissonanz.* Hans Huber.

Gebauer, D. (2001). Mit Feuerstein und Nähnadel. Vom Leben in der Steinzeit. *Bayerischer Rundfunk.* www.br-online.de.

Horváth & Partners. (2020). Change management. Der Mensch im Mittelpunkt der digitalen Transformation. Studie. https://www.horvath-partners. com/de/media-center/studien/studie-2020-change-management/.

Hungenberg, H. (2014). *Strategisches Management in Unternehmen: Ziele – Prozesse – Verfahren* (9. Aufl.). Springer Gabler.

Kienbaum. (2017). Future management development studie. www.kienbaum. com.

Kraus, K.-J., & Haghani S. (2004). Krisenverlauf und Krisenbewältigung – Der aktuelle Stand. In N. Bickhoff (Hrsg.), *Die Unternehmenskrise als Chance. Innovative Ansätze zur Sanierung und Restrukturierung* (S. 13–38). Springer.

Lauer, T. (2019). *Change management. Grundlagen und Erfolgsfaktoren* (3. Aufl.). Springer Gabler.

Lauer, T. (2016). *Unternehmensführung für Dummies.* Wiley VCH.

Lewin, K. (1963). *Feldtheorie in der Sozialwissenschaft.* Huber.

Mack O., & Khare, A. (2016). Perspectives on a VUCA world. In O. Mack, A. Khare, A. Krämer, & T. Burgartz (Hrsg.), *Managing in a VUCA world* (S. 3–19). Springer.

Morschitzky, H. (2009). *Angststörungen. Diagnostik, Konzepte, Therapie, Selbsthilfe* (4. Aufl.). Springer.

Peters, T., & Waterman, R. (1982). *Search of excellence.* Warner.

Schulz von Thun, F. (2008). *Miteinander reden* (Bd. 1–3). rororo Sachbuch.

Simon, H. A. (1982). *Models of bounded rationality* (Vol. 1 and 2). MIT Press.

Wagner, U., van Dick, R., & Zick, A. (2000). Sozialpsychologische Analysen und Erklärungen von Fremdenfeindlichkeit in Deutschland. *Zeitschrift für Sozialpsychologie, 2000*(32), 59–79.

Werth, L. (2004). *Psychologie für die Wirtschaft. Grundlagen und Anwendungen.* Spektrum Akademischer.

2

Erfolgsfaktoren des Change Managements
Dos and Don'ts des Wandels

„Wer nichts verändern will, wird auch das verlieren, was er bewahren möchte. "

Gustav Heinemann (ehemaliger Bundespräsident)

Was Sie aus diesem Kapitel mitnehmen

- Einen Überblick zu den Erfolgsfaktoren des Change Managements.
- Hinweise zu typischen Managementfehlern, die im Rahmen von Wandel begangen werden.
- Konkrete Tipps, wie man diese Fehler vermeiden kann und stattdessen Wandel vereinfacht.

2.1 Erfolgsfaktoren

In Kap. 1 haben Sie das diesem Buch zugrunde gelegte Change-Management-Modell und die darin enthaltenen neun Erfolgsfaktoren kennengelernt. Im weiteren Verlauf werden diese Erfolgsfaktoren

© Der/die Autor(en), exklusiv lizenziert durch Springer-Verlag GmbH, DE, ein Teil von Springer Nature 2021
T. Lauer, *Quick Guide Change Management für alle Fälle,* Quick Guide,
https://doi.org/10.1007/978-3-662-64237-5_2

einzeln genauer betrachtet. Dabei werden typische Probleme der Praxis, die im Zusammenhang mit den Erfolgsfaktoren auftreten, herausgestellt und auf dieser Basis Empfehlungen unterbreitet, die zu einer besseren Wirksamkeit der Erfolgsfaktoren führen, sodass der Wandel insgesamt gelingt. Zusätzlich erfolgt an geeigneten Stellen ein Hinweis auf Fallstudien aus den Kap. 3–6 des Buches, die das Gesagte, Probleme wie Empfehlungen, beispielhaft illustrieren.

2.1.1 Die generelle Marschroute für Führungserfolg im Wandel

Wenn Sie schon in verantwortlicher Funktion Erfahrungen mit Wandel gemacht haben, kann es sein, dass Sie sich bei den geschilderten Problemen zum Teil selbst erkennen. Fassen Sie das nicht als vorwurfsvolle Kritik auf. Diese Fehler sind typisch und von vielen anderen verantwortlichen Führungskräften in gleicher Weise in der Vergangenheit begangen worden. Warum ist das so? Um dies zu verdeutlichen, möchte ich eine Anleihe beim Sport, genauer gesagt beim Skifahren machen (Ähnliches gibt es in anderen Sportarten aber auch). Beim alpinen Skilauf ist es wichtig, das Hauptgewicht auf den jeweils zur Talseite gewandten Ski zu legen, den sogenannten Außen-Ski. Ist ein Skifahrer verunsichert, so neigt er instinktiv aber dazu, sich eher zum Hang hin zu lehnen und das Gewicht somit auf den Innen-Ski zu legen. Dieses instinktive Verhalten erhöht aber die Wahrscheinlichkeit eines Sturzes und ist damit kontraproduktiv.

Beim Change Management verhält es sich in Analogie oftmals ähnlich. In schwierigen Zeiten des Wandels glaubt man als Führungskraft besonders dadurch erfolgreich zu sein, dass man den Wandel „mit aller Gewalt durchzieht". Widerständen durch die Betroffenen wird so zum Beispiel mit disziplinarischen Maßnahmen begegnet, Kommunikation eventuell unterlassen, weil man Unruhe fürchtet. Meistens ist aber, wie Sie unten im Detail sehen werden, das Gegenteil der bessere Weg. Mehr Freiheit führt zu mehr Kooperationswillen und Motivation und bessere Informationen fördern Einsicht und Teilhabe. Bezüglich der unmittelbaren Auswirkung eines eher autoritären Führungsstils gilt hier in der

Regel das physikalische Gesetz „Actio = Reactio", also Kraft = Gegenkraft im übertragenen Sinne. Je mehr die Betroffenen zum Wandel gezwungen werden, umso größer wird deren Reaktanz (Abschn. 1.4.2) und damit das Ausmaß der Widerstände sein.

Es wäre aber falsch, daraus den Schluss zu ziehen, für Wandel verantwortliche Führungskräfte müssten passiv sein. Es geht vielmehr um ein eher sanftes Lenken des Geschehens, um das aktive Erschaffen einer Atmosphäre, die dem Wandel dienlich ist. In den Führungswissenschaften wird dazu oftmals Führung mittels zweier Dimensionen klassifiziert, Aufgabenorientierung und Personenorientierung (Abb. 2.1).

Aufgabenorientierung ist dabei das Maß, mit welchem eine Führungskraft darauf achtet, dass die Sachziele eines Unternehmens- oder einer Organisation erreicht werden, im vorliegenden Falle die Ziele eines wie auch immer gearteten (Unternehmens-)Wandels.

Personenorientierung bezeichnet hingegen ein Führungsverhalten, bei dem die Führungskraft darauf achtet, dass das Verhältnis zu den Geführten intakt bleibt und damit auch die Atmosphäre in der gesamten Organisation oder Organisationseinheit.

Der richtige Führungsstil im Wandel

Bei der Ausübung von Führung im Rahmen von Wandel ist besonders wichtig, dass Führungskräfte gleichermaßen darauf achten, dass die Ziele des Wandels erreicht werden (Aufgabenorientierung) und die Beziehung zu den Mitarbeitern intakt bleibt (Personenorientierung). Dies wird durch Überzeugung, Motivation und Einbeziehung der Betroffen\en und weniger durch autoritäres Durchsetzen des geplanten Wandels erreicht.

In der Führungslehre gilt nach Blake und Mouton Führung dann als erfolgreich, wenn beide Dimensionen gleichermaßen hoch ausgeprägt sind (Blake & Mouton, 1964). Wie in Abb. 2.1 ersichtlich, wird dieser Führungsstil als Team-Management bezeichnet. Team-Management ist alles andere als passiv, das wäre der in der Abbildung unten links dargestellte Laissez-Faire-Stil. Es kommt beim Team-Management vielmehr darauf an, die Mitarbeiter zu überzeugen und zu motivieren, am

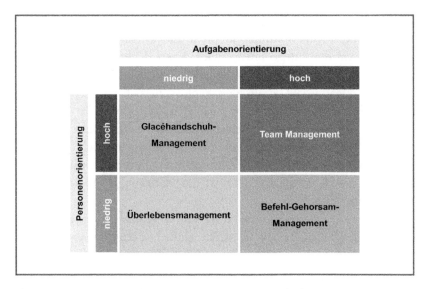

Abb. 2.1 Das Managerial Grid nach Blake & Mouton (vgl. Lauer, 2016, S. 267)

Wandel teilzuhaben. Diese Überzeugungsarbeit hängt nun wiederum von der eigenen Führungspersönlichkeit, der Art der Kommunikation als auch der aktiven Einbeziehung der Mitarbeiter (Partizipation) ab, um nur auf einige der Erfolgsfaktoren zu verweisen. Die folgenden Ausführungen zu den Erfolgsfaktoren sind also insgesamt durch diesen Geist getragen und die Fallstudien in den Kap. 3–6 zeigen immer wieder auf, dass genau diese Mischung aus Aufgaben- und Personenorientierung letztlich den Erfolg beim Wandel bringt.

2.1.2 Erfolgsfaktor Person – als Führungskraft den Wandel initiieren

Wandel wird zumeist durch einzelne Personen aus der Führungsebene initiiert und diese Initiatoren als auch alle, die Wandel managen, sind ein maßgeblicher Baustein und Ausgangspunkt für erfolgreiche Veränderungen, weshalb dieser Aspekt auch als erster abgehandelt wird.

Führung ist Überzeugungsarbeit

Nicht selten unterläuft Führungskräften intuitiv der Fehler, im Wandel einen eher autoritären Stil anzuwenden. Dies ist eine typische und fast natürliche Reaktion auf befürchtete oder schon auftretende Widerstände im Wandel. In Abschn. 1.4.2 wurde aber schon das Phänomen der Reaktanz angesprochen. Je mehr man Menschen zu einem bestimmten Verhalten zwingt und/oder ein bisher gezeigtes Verhalten verbietet, umso „trotziger" werden diese reagieren. „Trotz" tritt hier in Form mehr oder weniger direkter Widerstände auf und kann von ironischen Bemerkungen bis hin zur heimlichen Unterwanderung der Anordnungen führen (siehe auch Abschn. 1.4.1 zu Formen des Widerstands).

Führungsfalle: Autoritärer Führungsstil

Führung wird in einem eher autoritären Stil ausgeübt, damit Widerstände von Vornherein vermeintlich klein gehalten werden. In Wirklichkeit werden damit aber die Widerstände nur verstärkt und wandeln sich von offenen zu eher verdeckten Widerständen.

Wesentlich ist vielmehr, die Betroffenen davon zu überzeugen, dass der Wandel notwendig ist. Dazu muss der Sinn des Wandels vermittelt werden. Dies bedarf einer geeigneten Vision für den Wandel (Abschn. 2.1.3) und der umfassenden Kommunikation (Abschn. 2.1.4). Wesentlich ist hierbei eine möglichst persönliche Kommunikation. Das Zweier-Gespräch ist dabei der Idealfall und ergänzt die Erstinformation in Form einer Rede mit Dialogmöglichkeiten vor größeren Plenen ideal. Für die persönliche Kommunikation können auch informelle Gelegenheiten genutzt werden. Indem man im Betriebsrestaurant bei Rundgängen im Unternehmen etc. die Nähe zu den Mitarbeitern sucht und mit diesen in einen Austausch kommt. Die Fallstudien in Abschn. 3.2.1 und 6.2.2 bieten hierzu schönes Anschauungsmaterial aus der Praxis.

Führungstipp Person 1

Nutzen Sie die Führungsenergie für Überzeugungsarbeit anstatt für disziplinarische Maßnahmen. Überzeugungsarbeit gelingt am besten durch persönliche Gespräche mit den Betroffenen.

Führung meint Wertschätzung

Es bleibt in Prozessen des Wandels nicht aus, dass die Betroffenen auch mit unbequemen Wahrheiten konfrontiert werden, denn Wandel stellt ja zumeist auch Teile dessen, was die Betroffenen bisher gemacht und vielleicht mit Stolz erschaffen haben, infrage.

Führungsfalle: Brandmarken der Vergangenheit

Eine (neue) Führungskraft entwickelt eine Vision für die Zukunft eines Unternehmens und stellt damit zugleich alles bisher Gelebte und Erreichte an den Pranger. Dies kann erhebliche Widerstände bei der bisherigen Belegschaft auslösen, die sich nicht wertgeschätzt fühlt.

Bei Verkündigung von geplanten Veränderungen, die das Bisherige infrage stellen, ist Fingerspitzengefühl gefragt. Gerade als neue Führungskraft ist die Gefahr, durch eine sachlich auch noch so gerechtfertigte Argumentation die Geführten zu verlieren, groß. Aus Abschn. 1.4.2 ist bekannt, dass Fremde zunächst oft ohne sachlichen Grund abgelehnt werden. Zudem ist nach der Zauberformel von Schulz von Thun (Abschn. 1.5) Akzeptanz durch die Geführten von entscheidender Bedeutung, soll der Konflikt mit der unbequemen Wahrheit in Entwicklung und nicht in destruktives Verhalten münden. Hier ist deshalb die explizite Wertschätzung des Bisherigen durch die Führungsperson geboten. In aller Regel war das Bisherige ja lange Zeit erfolgreich und es sind zumeist geänderte äußere Umstände, zum Beispiel neue Technologien oder gesellschaftliche Strömungen, die zu einem Verlassen der bisherigen Pfade zwingen. Dies hat aber nichts mit einem fehlerhaften Verhalten der bis dato Verantwortlichen, schon gar nicht derer auf den unteren Ebenen zu tun. Es ist wesentlich, sich dies als Verantwortlicher für den Wandel vor Augen zu führen, um auch die richtige Haltung gegenüber den Betroffenen einzunehmen. Die Fallstudie aus Abschn. 6.2.2 bietet für diese Probleme und Maßnahmen zu deren Überwindung ein schönes Praxisbeispiel.

> **Führungstipp Person 2**
>
> Zeigen Sie als verantwortliche Führungskraft im Wandel echte Wert-schätzung für die Vergangenheit und die bisherigen Leistungen der Betroffenen. Nur so gewinnen Sie die notwendige Akzeptanz, die es Ihnen ermöglicht, auch offen über Probleme reden zu können.

Führung im Wandel meint eher coachen als anweisen

Aus einem falschen Verständnis der Rolle als Führungskraft, aber auch aus Sorge um den Erfolg des Vorhabens neigen manche Führungskräfte dazu, möglichst alles selbst zu entscheiden und ihren Mitarbeitern dann allenfalls die Ausführung nach genauer Vorgabe zu überlassen.

> **Führungsfalle: Alles selbst entscheiden**
>
> Aus Angst vor einem Misslingen des Wandels wird dazu geneigt, als Führungskraft möglichst alles selbst zu entscheiden. Damit kommt es aber zu einer Überlastung der Führungsperson.

Es ist gerade im Rahmen von Wandel schwer, zu delegieren, denn Wandel bedeutet automatisch Unsicherheit. Unsicherheit über das, was künftig kommen wird und die richtigen Maßnahmen, um darauf zu reagieren. Aber, Führung besteht vor allem darin, ein *Team* erfolg-reich zu machen und ist, um eine Anleihe beim Sport zu machen, keine Einzelsportart. Neben der allgemeinen Gefahr, sich als Führungs-kraft bei Nicht-Delegation zu überlasten, gibt es gerade in Bezug auf das Management von Wandel ein wesentliches Argument dafür, dort, wo es geht, auch Entscheidungen zu delegieren. So beugt das Abgeben von Entscheidungsgewalt der Ausbildung von Reaktanz (Abschn. 1.4.2) vor, da die Mitarbeiter nun mehr Autonomie bei der Ausgestaltung des Wandels bekommen. Delegieren heißt aber auch hier nicht, passiv die Dinge geschehen lassen. Vielmehr ist die Rolle eine andere. Statt als „Anweiser" tritt die Führungskraft hier als „Coach" auf, als erfahrener Sparringspartner, der in Gesprächen die Mitarbeiter dazu führt, gute Ideen und Entscheidungen selbst zu entwickeln. Der Coach gibt Hilfe zur Selbsthilfe, stellt vor allem die richtigen Fragen und hilft so, dass Talente unter den Mitarbeitern reifen (Hinkelmann & Enzweiler, 2018; Lauer, 2006).

Führungstipp Person 3

Delegieren Sie Aufgaben und Entscheidungen und stehen Sie anschließend als Coach für die Mitarbeiter, die diese Aufgaben und Entscheidungen übernehmen, zur Verfügung.

Weniger ist mehr!

Nicht selten besteht bei Führungskräften die Neigung, ihre Gestaltungskompetenz durch das gleichzeitige Starten von zahlreichen Initiativen und Maßnahmen zu untermauern. Dies birgt aber die Gefahr der Überforderung der Mitarbeiter und der Organisation als Gesamtheit. Zu viel Wandel auf einmal kann hier eher schädlich sein, vor allem, wenn dieser in Aktionismus ausartet.

Nach einer Untersuchung von Bruch nehmen diese aktionistischen, als „Busy Manager" bezeichneten Führungskräfte, mit ca. 40 % die größte Gruppe unter den Managern ein. Zielgerichtete Manager, die Wichtiges von Unwichtigem trennen können und auf das Wichtige ihre Energie konzentrieren, sind hingegen mit ca. 10 % in der Minderheit (Bruch, 2006). Das darf nicht dahingehend missverstanden werden, dass in vielen Fällen ungeeignete Personen in Führungsrollen gelangen, vielmehr stellen die äußeren Umstände der Arbeitswelt ein Gefahrenpotenzial dar, in diesen Management-Stil abzudriften. Immer wieder neue Anforderungen von Anspruchsgruppen, Druck auf das Top-Management, der dann an untere Hierarchieebenen weitergeben wird, eine Informationsflut durch digitale Medien etc. begünstigen Busy Management. Busy Manager überfordern aber ihre Mitarbeiter, die sich ständig wieder auf neue Ideen und Initiativen einstellen müssen, ohne dass die vorher gestarteten Initiativen zu einem erfolgreichen Ende geführt worden wären. Damit „verpufft" Energie und Demotivation der Mitarbeiter ist langfristig eher wahrscheinlich. Fokussierung auf das Wesentliche ist deshalb besonders wichtig! Hier hilft ganz praktisch, sich Ideen zu erlauben, diese zu sammeln, aber ganz strukturiert auszuwählen, was wirklich Priorität hat.

Führungstipp Person 4

Überfrachten Sie Ihre Mitarbeiter nicht mit ständig neuen Ideen und Initiativen. Sammeln Sie Ihre Ideen, überprüfen Sie diese aber explizit und mit etwas Abstand vor deren Realisierung auf das Kosten-Nutzenverhältnis.

Führung heißt vor allem auch Vorbild sein

Wandel führt in gewisser Weise zu Entbehrungen bei den Betroffenen. Das gilt natürlich in ganz besonderem Ausmaß dort, wo wegen einer Unternehmenskrise tatsächliche Einschnitte materieller Natur notwendig sind. Aber auch ansonsten wird verlangt, sich von gewohnten Routinen und Denkweisen zu verabschieden und eine Zeitlang ein besonders hohes Engagement zu erbringen, bis sich schließlich die volle Produktivität des Wandels entfalten kann.

Führungsfalle: „Wasser predigen und Wein trinken"

Wenn Sie im Wandel „Opfer" der Betroffenen fordern, Sie aber als Initiator und Verantwortlicher nicht zu „Opfern" in mindestens gleicher Höhe bereit sind, werden Sie die innere Gefolgschaft der Betroffenen und Beteiligten verlieren.

Führungskräfte müssen in Bezug auf die Anstrengungen und „Entbehrungen", die sie von ihren Mitarbeitern verlangen, mit besonders gutem Beispiel vorangehen. Aus der sozial-kognitiven Lerntheorie ist bekannt, dass Menschen vor allem auch über die Vorbildfunktion lernen (Bandura, 1991). Das beginnt mit der sogenannten primären Sozialisation im Elternhaus. Wenn für Kinder vorgegebene Regeln und eigenes Verhalten der regelgebenden Eltern auseinanderklaffen, werden diese Regeln nicht wirklich verinnerlicht. In späteren Lebensphasen, der sogenannten sekundären Sozialisation, etwa am Arbeitsplatz, verhält es sich genauso. Empirische Studien zum Change Management haben deshalb wenig überraschend ergeben, dass gerade diese Vorbildfunktion von Führungskräften aus Sicht der Mitarbeiter besonders wesentlich für das Gelingen von Wandel ist (Capgemini, 2012; Kienbaum, 2012).

Seien Sie als Führungskraft deshalb selbstkritisch und hinterfragen Sie sich, ob Sie zum Beispiel das außergewöhnliche Engagement, dass Sie von Ihren Mitarbeitern im Wandel fordern, auch selbst vorleben oder ob Sie auch zu sichtbaren materiellen Einschnitten bereit sind, wenn diese den Mitarbeitern abverlangt werden. Wichtig ist, dies nicht nur an wenigen Stellen symbolisch zu zeigen, sondern authentisch vorzuleben. Reine Symbolik läuft Gefahr, von den Mitarbeitern als solche durchschaut zu werden und dann erstrecht Demotivation zu fördern.

> **Führungstipp Person 5**
>
> Hinterfragen Sie sich kritisch, ob Sie dasselbe Engagement vorleben und dieselben Einschnitte in Kauf nehmen, die Sie im Rahmen von Wandel Ihren Mitarbeitern abverlangen. Zeigen Sie sich in dieser Hinsicht als authentisches Vorbild!

2.1.3 Vision – dem Wandel Sinn verleihen

Visionen oder Unternehmensleitbilder sind machbare, aber herausfordernde Zukunftsbilder. Wenn sie die entsprechende Motivationsstärke besitzen, können sie Menschen als Gruppe oder Organisationseinheit auf dem Weg zur Erfüllung dieser Vision vereinen und zum gemeinsamen Handeln bringen. So wie uns persönliche Visionen, etwa ein bestimmtes erstrebenswertes Berufsziel, zu Höchstleistungen bringen können, so kann dies auch in Unternehmen der Fall sein. Die Herausforderung ist, eine Vision so zu schaffen, dass sie eben diese Motivation bei vielen oder gar fast allen hervorbringt, obwohl sie originär nicht dem eigenen Denken des jeweiligen Einzelnen entspringt. Gelingt dies, kann das gemeinsame Verfolgen des gleichen Ziels nochmals einen zusätzlichen Motivationsschub bewirken. Was den Motivationserfolg von Visionen in der Praxis bisweilen behindert und wie man es besser machen kann, lesen Sie in den folgenden Abschnitten.

Eine konkrete Richtung angeben
Ich beginne mit einem kleinen Rätsel. Zu welchem Unternehmen gehört das folgende Leitbild:

Beispiel einer Unternehmensvision

„Global diversity and inclusion is an integral and inherent part of our culture, fueling our business growth while allowing us to attract, develop, and retain this best talent, to be more innovative in the products and services we develop, in the way we solve problems, and in the way we serve the needs of an increasingly global and diverse customer and partner base." (Wigand, 2020).

Ich verrate Ihnen die Antwort nicht gleich. Diese erfahren Sie weiter unten. Die Wahrscheinlichkeit, dass Sie das Unternehmen erraten haben, ist aber so oder so relativ gering, denn dieses Leitbild könnte für zahlreiche Unternehmen stehen. Unternehmensleitbilder folgen einerseits allgemeinen Richtlinien, andererseits aktuellen Trends. So werden zumeist alle Gruppen an Stakeholdern, Eigentümer, Mitarbeiter, Kunden etc. wohlwollend bedacht. Oder es finden sich Begriffe wie Nachhaltigkeit oder Diversifikation, weil diese in der aktuellen gesellschaftlichen Debatte (zu Recht) hohe Wichtigkeit besitzen. Was ist aber im Zweifelsfall wichtiger, Gewinn oder Beschäftigungssicherheit? Und was ist eigentlich das Besondere des eigenen Unternehmens? Wofür steht es, was will es erreichen? Und können sich die Angehörigen des Unternehmens damit so sehr identifizieren, dass sie sich mit voller Kraft dafür einsetzen?

Visionsmangel: Austauschbarkeit
Visionen bzw. Unternehmensleitbilder sind nicht selten inhaltlich zu großen Teilen deckungsgleich. Sie haben dann eher einen Alibi-Charakter. Man macht mit ihnen nichts falsch, bewirkt aber innerhalb und außerhalb des Unternehmens kaum etwas.

Übrigens gehört das obige Leitbild zum Unternehmen Microsoft, stellt aber nicht mehr dessen aktuelle Vision dar. Wie man es besser machen kann, zeigt das folgende Beispiel zum Online-Lexikon Wikipedia.

Wikipedia als Beispiel einer gelungenen Unternehmensvision

„Stell Dir eine Welt vor, in der jeder einzelne Mensch freien Anteil an der Gesamtheit des Wissens hat." (Wigand, 2020).

Gute Leitbilder und Visionen stehen für einen zukünftigen Zustand, der konkret ist und beschreibt, was das betreffende Unternehmen oder die Organisation individuell kennzeichnet. So gestaltet, haben Visionen auch eine konkrete Bedeutung für alle Unternehmensangehörigen (und durchaus auch für Eigentümer oder Kunden) und werden entsprechend wirksam.

Führungstipp Vision 1

Formulieren Sie eine Vision für die Zukunft Ihres Unternehmens oder auch ein partielles Projekt so, dass sie einen unternehmensindividuellen und möglichst für breite Kreise im Unternehmen positiv besetzten Zielzustand beschreibt.

Einen Motivationsschub auslösen

Selbst für den Fall, dass eine formulierte Vision nicht mehr austauschbar ist und sich auf das konkret zu erreichende, positiv besetzte Ziel bezieht, ist noch nicht garantiert, dass die volle motivationale Wirkung erzielt wird. Ein Hindernis auf dem Weg kann die Form der Formulierung sein.

Das ehemalige Leitbild der Deutschen Telekom AG

„Als das führende Dienstleistungsunternehmen der Telekommunikations- und Informationstechnologie verbinden wir die Gesellschaft für eine bessere Zukunft. Mit höchster Qualität, effizient und innovativ zum Nutzen unserer Kunden. In jeder Beziehung."

Nehmen Sie das obige Beispiel. Wahrscheinlich müssen Sie es erst zwei- bis dreimal lesen, um es zu verstehen. Und dann sind die angesprochenen Aspekte eher abstrakt.

Visionsmangel: Abstraktheit

Kompliziert und eher abstrakt formulierte Visionen verhindern die Entfaltung einer motivationalen Wirkung und zwar unabhängig vom Bildungsgrad der Empfänger.

Anders gestaltet es sich im Hinblick auf die Vision von Wikipedia, die oben bereits zitiert wurde. Das Beispiel liest sich nicht nur besser. Es ist kürzer formuliert und arbeitet eher mit Bildern bzw. erzeugt Bilder in unserem Kopf. Menschen lassen sich besser durch Bilder als durch Worte motivieren und seien es nur selbst imaginierte Bilder in unserem Gehirn (Strasser, Rawolle & Kehr, 2011). Deswegen sollte eine Vision im wahrsten Sinne des Wortes ein positives *Bild* von der Zukunft sein. Man kann deshalb sogar formulierte Bilder zu Visionen durchaus auch mit Bildern untermauern.

Psychologische Forschungen dazu haben ergeben, dass die Wirksamkeit dieser Bilder besonders hoch ist, wenn Macht-, Leistungs- und soziale Anschlussmotive angesprochen werden (Strasser et al., 2011). Also am besten einen Erfolg herausstellen, den man gemeinsam als Team, Organisation oder Unternehmen erreicht und feiert. Wenn durch den Erfolg auch noch etwas Sinnhaftes für die Allgemeinheit getan wird, ist dies gerade in den Augen der Generationen Y (Jahrgänge 1980–1995) und Z (ab Jahrgang 1996) umso besser (Mangelsdorf, 2015).

Führungstipp Vision 2

Formulieren Sie die Vision, die mit dem Wandel angestrebt wird, in prägnanten kurzen Worten und in einer Sprache, die positive Bilder beim Empfänger erzeugt.

2.1.4 Erfolgsfaktor Kommunikation

Obwohl er in der Liste nicht an erster Stelle steht, da Wandel zunächst einen Initiator (Person) und ein Ziel (Vision) benötigt, so ist Kommunikation doch der vielleicht zentrale Erfolgsfaktor des Change Managements und damit auch der, bei dem man die gravierendsten Fehler begehen kann. Menschen werden in der modernen Welt mit Worten geführt. Je weniger disziplinarische Macht jemand besitzt, und diese nimmt in modernen Organisationsstrukturen tendenziell ab, umso wichtiger wird die richtige, motivierende und überzeugende Wortwahl. In der Galeere wurden die Sklaven noch ausgepeitscht, um ihre Arbeit bis aufs Äußerste auszunutzen. Ein Projektleiter hingegen, als zentrale Figur zur Realisierung von Wandel, aber ist zumeist nicht der disziplinarische Vorgesetzte der Projektmitarbeiter. Und auch die Mittel eines disziplinarischen Vorgesetzten sind beschränkt, ganz abgesehen davon, dass die Rückkehr zu autoritären Strukturen alles andere als wünschenswert wäre. Neben der fehlenden disziplinarischen Macht gilt es zu bedenken, dass wir von Mitarbeitern im Change-Prozess nicht erwarten, eine Routineaufgabe schnell und zuverlässig zu erledigen, vielmehr erhoffen wir, dass sie sich mit Engagement, Ideen und Konzepten einbringen. Das kann man nicht erzwingen, aber durch gute Kommunikation fördern.

Kommunikation meint auch Gleichbehandlung
Kritisch aus kommunikationstheoretischer Sicht ist vor allem die Kommunikation zu Beginn des Wandels. Ein erster Reflex der Initiatoren des Wandels ist hier nicht selten, eher defensiv über den geplanten Wandel zu unterrichten. Das kann dazu führen, dass zunächst nur wenig bis gar nichts verlautbart wird und/oder nur ausgewählte Personen, die höher in der Hierarchie angesiedelt sind, informiert werden. Gelegentlich, etwa bei geplanten Mergers & Acquisitions (M&As), kann dies aus rechtlicher Sicht nicht anders erfolgen. Aber, sobald etwas offiziell ist, gilt es möglichst alle, möglichst zeitgleich und ausführlich zu informieren. Ein unnötiges Zurückhalten von Informationen fördert nur Gerüchtebildung. Seien Sie sich bewusst,

irgendetwas sickert immer durch! Und wenn dann nur Bruchteile publik werden, malt sich die Belegschaft den Rest mit eigener Fantasie aus. Das ist aber aus zweierlei Sicht fatal:

1. Selten wird etwas in den Gerüchten positiver dargestellt, als es ist. Dies liegt auch an der „Geheimniskrämerei" selbst, denn diese lässt ja befürchten, dass es sich um etwas Schlimmes handelt, sonst würde man ja offen kommunizieren. Die Tür für „Fake News" ist damit sperrangelweit geöffnet.
2. Führen die Gerüchte erst einmal ein Eigenleben, so verlieren Sie als Initiatoren des Wandels die Hoheit über die Kommunikation, und zwar über Inhalte und Kanäle. Die Reparatur dieser Schäden bedarf dann aber einer potenzierten Kommunikationsanstrengung, wenn diese Reparatur überhaupt jemals vollständig gelingt.

Kommunikationsproblem: Mangelnde Offenheit

Ein Zurückhalten von Informationen über einen bevorstehenden Wandel führt in aller Regel nur zu nicht steuerbaren Gerüchten, bei denen die Auswirkungen des Wandels negativer ausgeschmückt werden, als sie in Realität vielleicht sind.

Besser ist es deshalb, zeitnah und zeitgleich zu informieren. Inhaltlich sollten dabei zunächst die Gründe für den Wandel, seine Notwendigkeit im Vordergrund stehen, aber auch zugleich die positive Vision (Abschn. 2.1.3), die mit dem Wandel verfolgt wird. Zudem ist es eher vorteilhaft darüber zu sprechen, dass der Wandel selbst auch mögliche Opfer erfordert.

Führungstipp Kommunikation 1

Informieren Sie die Betroffenen möglichst zeitnah und zeitgleich über den geplanten Wandel. Gehen Sie hierbei vor allem auf Gründe für die Notwendigkeit des Wandels ein und erläutern Sie die positive Vision, die damit verbunden ist.

Kanäle je nach Inhalt wählen

Aus Abschn. 1.4 dürfte hinreichend klargeworden sein, dass die Ankündigung von Wandel selten mit offenen Armen aufgenommen wird. In aller Regel handelt es sich um eine Botschaft, die bei den Empfängern auch negative Emotionen, vor allem Ängste hervorruft. Zudem ist gerade wegen dieser Emotionalität die Gefahr kommunikativer Missverständnisse sehr hoch (Abschn. 1.4.2). Werden solche Ankündigungen rein medial verlautbart, etwa durch eine E-Mail an alle, dann fehlen mit Gestik, Mimik, Tonfall etc. wesentliche Elemente der Kommunikation, die vor allem Emotionen zeigen und zur korrekten Dechiffrierung der Botschaft vonnöten sind. Dies erhöht die Gefahr von Missverständnissen und auch der negativen Interpretation der Botschaft.

> **Kommunikationsproblem: Unpassende Wahl des Kanals**
>
> Die rein mediale Ankündigung von Wandel, zum Beispiel durch eine Rundmail, unterliegt der Gefahr, dass kommunikative Missverständnisse entstehen und diese nicht im direkten Dialog sofort ausgeräumt werden können.

Deshalb ist es wichtig, wo nur möglich, eine persönliche und dialogische Form der Kommunikation zu wählen. Dies gilt vor allem für die Startphase von Wandel. Eine Betriebsversammlung, in der das Top-Management (oder die jeweiligen Verantwortlichen) den Wandel, seine Notwendigkeit und die Vision persönlich erläutern, ist hier allemal besser als eine Rundmail. Wenn sich an eine solche Veranstaltung noch die persönliche Dialogmöglichkeit an kleinen Diskussionsständen anschließt, dann ist auch eine Symmetrie der Kommunikation gegeben. Das hilft den Betroffenen nicht nur durch Fragen noch mehr Informationen zu bekommen, auch die Initiatoren des Wandels werden hier direkt mit Sorgen und Befürchtungen konfrontiert, die ignoriert zu massiven Widerständen führen könnten. Dabei ist zu beachten, dass die Dialogmöglichkeiten so geschaffen werden, dass die Hemmschwelle aus Sicht der Mitarbeiter, in einen Dialog einzutreten, möglichst niedrig ist. Die Fallstudien aus Abschn. 3.2.1 sowie Abschn. 3.2.2 bieten hierzu guten Anschauungsunterricht.

In späteren Phasen des Wandels kann auch eine stärker mediale Kommunikation sinnvoll sein. Dies gilt vor allem, wenn es darum geht, regelmäßig über den Fortschritt des Wandels zu berichten, etwa über bereits erreichte Erfolge, vor allem sogenannte Quick Wins (Abschn. „Schnelle Erfolge helfen").

Führungstipp Kommunikation 2

Kündigen Sie den Wandel möglichst persönlich an und schaffen Sie anschließend Dialogmöglichkeiten mit den Betroffenen, die eine möglichst gering Hemmschwelle zur Nutzung besitzen.

Konstruktive Dialoge zur Überwindung von Widerständen

Die große Bedeutung von Widerständen seitens der Mitarbeiter aber auch unterer und mittlerer Managementeben wurde ja schon in Abschn. 1.4 ausführlich besprochen. Widerstände als Reaktion auf angekündigten Wandel sind normal und liegen in der Natur des Menschen, der grundsätzlich eher auf Kontinuität ausgerichtet ist (vgl. Abschn. 1.3). Allzu normal ist auch die Reaktion seitens der Initiatoren von Wandel, diese Widerstände als Angriff – durchaus auch auf die eigene Person – aufzufassen und entsprechend zu reagieren. Gerade offen geäußerte Widerstände werden dabei gegebenenfalls mit „Zwangsmaßnahmen" unterdrückt. Dies kann ein schroffes Zurechtweisen der „Widerständler" sein, aber auch die Androhung oder Realisation von beruflichen Nachteilen. „Bestenfalls" werden die Widerstände ignoriert. Letzteres fällt umso leichter, je versteckter diese Widerstände sind (vgl. dazu auch Abschn. 1.4.1). Allerdings bekämpft man auf diese Art nur die Symptome und nicht die Ursachen für die Widerstände. Ganz im Gegenteil, das Unterdrücken der Widerstände führt zu Reaktanz (vgl. Abschn. 1.4.2) und wird darüber die Widerstände noch verstärken. Die Wahrscheinlichkeit, dass diese dann eher zu versteckten Widerständen mutieren, die sich etwa in Demotivation bis hin zur inneren Kündigung äußern können, ist dabei nicht gering.

Kommunikationsproblem: Falscher Umgang mit Widerständen

Werden Widerstände der Belegschaft durch die Initiatoren des Wandels mit disziplinarischen Gegenmaßnahmen unterdrückt, so ist die Gefahr, dass diese Widerstände sich verstärken, nun aber eher in versteckter Form auftreten, nicht zu unterschätzen.

Gerade aber die offenen Widerstände, etwa in Form der Gegenargumentation in Bezug auf den geplanten Wandel, enthalten Chancen, die bei versteckten Widerständen so nicht mehr gegeben sind. Eine Gegenargumentation bietet die Gelegenheit, in einen Dialog mit den „Widerständlern" zu treten. Dabei sollten die Initiatoren des Wandels eine konstruktiv-analytische Haltung einnehmen (Doppler & Lauterburg, 2002), auch wenn dies zunächst emotional schwerfällt. Konstruktiv-analytisch bedeutet, dass man im Gespräch mit den Betroffenen versucht zu klären, was die Gründe für die Widerstände sind, dann die Berechtigung oder Nicht-Berechtigung dieser Gründe sachlich analysiert und gemeinsam zu einer Lösung der Situation kommt. Dabei ist die richtige Gesprächshaltung von ganz entscheidender Bedeutung. Im Hinblick auf diese Haltung kann die sogenannte *VW-Regel* als Richtschnur dienen, die angeblich bei einem Workshop im Hause Opel „erfunden" wurde. Die VW-Regel besagt (Prior, 2009):

Vorwürfe vermeiden, Wünsche äußern!

Bevor Sie also maßregelnd mit Vorwürfen auf die Widerstand gebietenden Personen einwirken, versuchen Sie zunächst diesen zuzuhören. Dabei sollten Sie dem Postulat des *aktiven Zuhörens* folgen.

Aktives Zuhören

Aktives Zuhören bedeutet, dem Gegenüber durch Worte, Gestik und Mimik anzuzeigen, dass man zuhört. Hierzu gehört zunächst eine zugewandte, offene Körperhaltung. Dann wird über Worte und Mimik angezeigt, dass man zuhört. Indem etwa die Mimik Gesagtes empathisch widerspiegelt, kurze Einwürfe wie „Ah" oder „Mhm" erfolgen und man das Gesagte kurz zusammenfasst.

Aktives Zuhören ermöglicht nicht nur die bessere Aufnahme von Information, es zollt dem Gegenüber auch Respekt und führt damit zu einer verbesserten Gesprächsatmosphäre. Diese Gesprächsatmosphäre können Sie nun nutzen, um Ihre Wünsche bezüglich des Wandels zu äußern, etwa eine aktive Unterstützung. Dabei sollten Sie *Ich-Botschaften* senden.

Ich-Botschaft

Eine Ich-Botschaft ist das Senden von Botschaften aus der subjektiven Ich-Perspektive. Statt etwa zu sagen: „Sie boykottieren alle Veränderungen!", sagen Sie besser: „Ich habe den Eindruck, dass Sie Veränderungen kaum mittragen!" Die erste Aussage ist vorwurfsvoll und generalisierend, die zweite schildert lediglich einen subjektiven Eindruck und ist damit nicht generalisierend und diskutabel. Durch das Fehlen eines Vorwurfs wird zudem die Gesprächsatmosphäre konstruktiver. Genau eine konstruktive Diskussion ist aber Ziel des Dialogs. Zusätzlich können Sie auch schildern, wie es Ihnen (subjektiv) mit dem gezeigten Widerstand geht. Dies wiederum erzeugt eher Empathie beim Gegenüber und ist damit ebenfalls einer konstruktiven Gesprächsatmosphäre dienlich.

Nachdem Sie Ihre Probleme mit dem gezeigten Widerstand aus einer Ich-Perspektive dargelegt haben, können Sie nun auch Ihre Wünsche in Form von Ich-Botschaften senden: „Ich würde mir wünschen, dass Sie die Veränderung aktiv unterstützen!" Idealerweise kommen Sie so zu einer Übereinkunft mit den Widerstand zeigenden Personen.

Führungstipp Kommunikation 3

Nehmen Sie Widerstände als Chance, in einen konstruktiv-analytischen Dialog mit den Betroffenen einzutreten und dabei zunächst die Ursachen für die Widerstände zu ergründen, unberechtigte Ängste und Zweifel auszuräumen, um dann gemeinsam mit den Betroffenen Lösungen für berechtigte Befürchtungen zu finden.

2.1.5 Erfolgsfaktor Partizipation

Neben Kommunikation ist Partizipation sicherlich der zweite Kernerfolgsfaktor im Change Management. In Abschn. 1.4.2 wurde aufgezeigt, dass Selbstbestimmung bzw. Autonomie motivationsfördernd ist und umgekehrt die Einschränkung von Freiheit durch Anweisung zu Reaktanz und Demotivation führt. Führungskräfte wissen zwar oft um die Wichtigkeit von Partizipation, besitzen nicht selten aber eine gewisse Scheu davor, befördert durch die Angst, die „Zügel aus der Hand zu geben". Dies kann einerseits durch eine falsch verstandene Rolle als Führungskraft begründet sein, bei der man glaubt, alles selbst entscheiden oder gar erledigen zu müssen, andererseits auch auf dem Missverständnis beruhen, Partizipation meine zwangsläufig alle Entscheidungen in Gemeinschaft mit den Betroffenen zu treffen. Wie Partizipation gelebt werden kann, ohne diese Befürchtungen haben zu müssen, möchte ich im Folgenden aufzeigen.

Mitarbeiter wirklich teilhaben lassen
Weiß eine Führungskraft um die Wichtigkeit der Partizipation für einen gelungenen Wandel, fürchtet aber, wie oben gesagt, die „Zügel aus der Hand zu geben", so kann es passieren, dass Partizipation nur pro forma angeboten wird. Formen einer solchen „Schein-Partizipation" sind etwa das Veranstalten von Mitarbeiter-Workshops, ohne dass die dort erarbeiteten Maßnahmen ernsthaft weiterverfolgt werden. Oder es werden regelmäßig Mitarbeiterbefragungen durchgeführt, wobei aufgedeckte Probleme aber nicht zu Maßnahmen führen (Liebig & Hermann, 2007). Solche Formen der „Schein-Partizipation" sind aber eher kontraproduktiv. Sie wecken bei den Mitarbeitern die Erwartung, gestaltend am Wandel mitzuwirken, führen aber dann zum frustrierenden Erlebnis, dass das – mit Engagement – Erarbeitete im Sande verläuft und nicht gewürdigt wird. Eine Verstärkung der vorhandenen Widerstände, etwa in der verdeckten Form nachlassender Motivation, ist die wahrscheinliche Folge.

Partizipationsfalle: Mangelnde Ernsthaftigkeit

Wird Partizipation angeboten, aber das durch die einbezogenen Mitarbeiter und Führungskräfte Erarbeitete im weiteren Verlauf des Wandels nicht berücksichtigt, so entsteht eine enttäuschte Erwartungshaltung, die vorhandene Widerstände eher noch verstärkt.

Besser ist es also, genau zu überlegen, wie die Einbeziehung der Mitarbeiter und tiefer gelagerten Managementebenen erfolgen soll, die so durchgeführte Partizipation aber ernsthaft und konsequent, das heißt mit Auswirkungen auf die Gestaltung des Wandels, zu vollziehen. Die Ausführungen in Abschn. „Jeder dort, wo er direkt betroffen ist" geben Ihnen eine Leitlinie, bis zu welchem Grad Partizipation sinnvoll ist, ohne die gesamte Gestaltungshoheit aus der Hand zu geben.

Führungstipp Partizipation 1

Überlegen Sie genau, wo und bis zu welchem Ausmaß Partizipation sinnvoll ist. Setzen Sie die so angebotene Partizipation dann aber konsequent um und berücksichtigen Sie die dort erarbeiteten Ergebnisse in der Umsetzung des Wandels.

Jeder dort, wo er direkt betroffen ist

Partizipation meint ja allgemein, die Betroffenen an der Gestaltung des Wandels aktiv zu beteiligen. Wer aber fürchtet, so die Steuerung des Wandels aus der Hand zu geben, wird eventuell nur einen kleinen Kreis an ausgewählten Führungskräften und Mitarbeitern einbeziehen, bei denen man sich der Unterstützung der eigenen Ideen sicher ist. Ein solches Vorgehen unterminiert aber die positiven Auswirkungen von Partizipation, da der Rest der Belegschaft sich nun ausgeschlossen fühlt und erstrecht mit Widerständen reagiert. Zudem steigt die Gefahr von negativer Kommunikation über den geplanten Wandel unter den Betroffenen (z. B. in Form von Gerüchten) an. Partizipation hat hingegen den Vorteil, dass sich die Betroffenen in den Kommunikationsprozess und den Informationsstrom integriert fühlen und so die Gefahr einer Parallelkommunikation eingedämmt wird.

Partizipationsfalle: Nicht alle teilhaben lassen

Lässt man nicht alle Betroffenen an der Gestaltung des Wandels teilhaben, so besteht die Gefahr, dass sich große Teile der Belegschaft ausgeschlossen fühlen. Negative Gerüchte über den Wandel und ein Ansteigen der Widerstände sind die wahrscheinliche Folge.

Wie kann man aber (nahezu) alle einbeziehen und trotzdem die Gestaltungshoheit über den Wandel behalten? Eine Lösung bietet hier der sogenannte Gärtner-Ansatz.

Gärtner-Ansatz des Wandels

Ähnlich einem Gärtner bei der Gartengestaltung, der den Garten plant, aber bei dessen Realisation auf das „Mitwirken" der Pflanzen im Sinne von Wachstum angewiesen ist, können Führungskräfte den gesamten Rahmen des geplanten Wandels, seine Vision und strategische Zielrichtung festlegen, aber den Mitarbeitern die genaue Ausgestaltung ihres Arbeitsbereichs im Rahmen dieser Vorgaben übertragen.

Der Gärtner-Ansatz besitzt eine Reihe an Vorteilen:

1. Die Mitarbeiter werden nun auf breiter Front einbezogen und zwar bei den Bereichen, die sie am meisten betreffen. Dies verringert die Gefahr von Widerständen und fördert vielmehr die Wahrscheinlichkeit einer positiven Identifikation mit den Zielen des Wandels.
2. Mitarbeiter oder unteres bzw. mittleres Management besitzen in ihren Verantwortungsbereichen Detailkenntnisse, die auf höheren Managementebenen gar nicht vorhanden sein können. Die Ausgestaltung des Wandels wird deshalb mit hoher Wahrscheinlichkeit erfolgversprechender ausfallen und dezentrales Wissen konsequent genutzt werden.

Das Gesamtergebnis des Wandels wird nach einigen Monaten und Jahren aber möglicherweise etwas anders aussehen, als zunächst geplant. Dies ist in Gärten auch der Fall, man lässt die Pflanzen wachsen. Der eine Strauch wächst vielleicht zu stark und muss gestutzt werden, anderes wächst nicht wie geplant und ist deshalb eventuell mit anderen Pflanzen zu ergänzen. Und, je mehr der Garten schrittweise Formen annimmt, umso mehr neue Inspirationen bekommt man, wie man den Garten noch ergänzen kann. So verhält es sich beim Unternehmenswandel durchaus auch. Ich werde unter dem Stichwort „Agilität" darauf nochmals im Rahmen des Erfolgsfaktors Projekt-Organisation zurückkommen (Abschn. „Planen, ja, aber flexibel").

Führungstipp Partizipation 2
Beziehen Sie möglichst alle Betroffenen bei der Gestaltung des Wandels ein und zwar bevorzugt dort, wo der Wandel sie direkt in ihrem (täglichen) Arbeiten betrifft (Gärtner-Ansatz).

Professionalität in den Methoden
Partizipation erfolgreich umzusetzen ist alles andere als trivial. Dort, wo viele am Wandel mitwirken, gibt es naturgemäß auch unterschiedliche Vorstellungen. Dies gilt umso mehr, wenn sich bereits Widerstände gebildet haben, die etwa auf kommunikativen Missverständnissen beruhen (Abschn. 1.4.2). Sind die Initiatoren des Wandels nun auch die Moderatoren der Partizipation, kann dies den Prozess hemmen, da entweder offene Konflikte zwischen Initiatoren und Betroffenen entstehen oder die schwelenden Konflikte zu mangelnder Beteiligung der Betroffenen führen.

Partizipationsfalle: Unlösbare Konflikte
Gibt es bereits massive Widerstände, wenn Maßnahmen der Partizipation, etwa Mitarbeiter-Workshops, starten, kann eine Moderation dieser Maßnahmen durch die Initiatoren des Wandels dazu führen, dass die konstruktive Mitarbeit verhindert wird.

In Fällen, in denen das Konfliktpotenzial groß ist oder partizipative Maßnahmen aus diesem Grund bereits fehlgeschlagen sind, bietet sich die Einbeziehung externer Experten an. Dies betrifft vor allem eine professionelle Moderation partizipativer Events. Hier sollte auf die Hilfe externer Profis zurückgegriffen werden. Diese beherrschen in der Regel sowohl fachliche Methoden zur effizienten Erarbeitung von Ergebnissen als auch Techniken zur Kommunikation in kritischen Situationen.

> **Führungstipp Partizipation 3**
>
> Greifen Sie auf professionelle externe Hilfe bei der Moderation partizipativer Veranstaltungen zurück, wenn Konflikte zwischen Initiatoren des Wandels und Betroffenen stark ausgeprägt sind.

2.1.6 Erfolgsfaktor Integration

Integration ist vor allem dort ein wesentlicher Erfolgsfaktor, wo im Rahmen von Wandel neue Organisationseinheiten entstehen und vormals Fremde nun zusammenarbeiten müssen. Die Integration ist dann besonders herausfordernd, wenn diese Fremden definierten Gruppen angehören, die aus unterschiedlichen Unternehmensbereichen oder Unternehmenskulturen entstammen oder einen unterschiedlichen beruflichen oder Bildungs-Hintergrund haben. Das betrifft in ganz besonderem Maße den Bereich der Mergers & Acquisitions (siehe dazu Kap. 3).

Dominanz vermeiden

Entstehen im Rahmen von Unternehmenswandel neue Organisationseinheiten oder werden Mitglieder aus verschiedenen Bereichen in einer Projektgruppe zusammengefasst, so passiert es nicht selten, dass eine der Ursprungsgruppen des neuen Konglomerats eine mengenmäßige Dominanz aufweist, die auch leicht in eine kulturelle Dominanz münden kann. Dies verstärkt sich noch, wenn zugleich die Führungspositionen der neuen Einheit (ausschließlich) durch Vertreter der dominanten Gruppe besetzt werden. Diese Dominanz wird dabei

zumeist gar nicht bewusst ausgeübt und wird von den „Domina-
toren" auch nicht unbedingt als solche erlebt, denn für sie ist alles, was
geschieht, ja eher gewohnt. Die davon dominierte Gruppe jedoch kann
sich in einer solchen Situation als unterlegen erleben und wird zudem
„gezwungen", sich gemäß fremder Regeln, etwa einer unbekannten
Unternehmenskultur, zu verhalten. (siehe auch die Fallstudie aus
Abschn. 3.2.2 als Beispiel). Widerstände oder gar offene Konflikte sind
hier wahrscheinlich und erschweren das Zusammenwachsen zu einer
produktiven Einheit.

Integrationsproblem: Gruppendominanz

Bei der Schaffung neuer Organisationseinheiten im Rahmen von Unternehmenswandel kann es leicht zur Dominanz einer der Quellgruppen
kommen, vor allem wenn eine mengenmäßige Überlegenheit besteht
und/oder Führungspositionen von dieser Gruppe eingenommen werden.
Diese Dominanz führt zu Widerständen der restlichen Gruppen, eventuell
sogar zu offenen Konflikten.

Um solche Situationen dominanter Gruppen zu vermeiden, sollte
man bei der Schaffung neuer organisatorischer Entitäten sensibel und
bewusst vorgehen. Hierbei gilt die Regel, so viel Gleichverteilung wie
möglich. Diese Gleichverteilung hat natürlich ihre Grenzen, denn so
wird z. B. ein aufkaufendes Unternehmen das aufgekaufte integrieren
wollen und nicht umgekehrt. Und bei der Integration einer kleineren
in eine größere Einheit herrscht ein natürliches Mengenunverhältnis vor
(s. dazu die Fallstudie aus Abschn. 3.2.2). Dennoch kann ein bewusstes
Vorgehen im Rahmen des Möglichen die Situation signifikant ent-
schärfen. Dazu gehören etwa folgende Maßnahmen:

1. *Schaffung von gemischten Arbeitsteams mit nahezu gleich vielen Vertretern beider Seiten:* So kann man bei einem Mengenunverhältnis der
   zu verschmelzenden Einheiten ggf. für bestimmte Aufgaben bewusst
   kleine 2er oder 4er Teams schaffen, die dann paritätisch besetzt sind
   und deren Mitglieder einen ähnlichen beruflichen Hintergrund
   besitzen (s. als Beispiel die Fallstudie aus Abschn. 3.2.3). Dies kann
   auch helfen, vorhandene Vorurteile gegenüber der anderen Gruppe

zu reduzieren, da man den „Anderen" nun real erlebt und zugleich durch die Arbeit an einer gemeinsamen Aufgabe Identifikation erwächst.

2. *Schaffung einer Doppelspitze:* Gerade für eine Übergangszeit des Zusammenwachsens kann es wichtig sein, die Führung neu geschaffener Einheiten mit einer Doppelspitze von Vertretern beider Ursprungseinheiten (etwa bei M&As) zu besetzen. Dabei sollte klar sein, wer dauerhaft die Führungsposition einnimmt, damit kein destruktiver Wettbewerb entsteht. Und die zukünftige Position der mittelfristig ausscheidenden Führungsspitze sollte ebenfalls bereits geklärt sein.

Führungstipp Integration 1

Versuchen Sie bei der Zusammenführung von Mitgliedern aus unterschiedlichen Bereichen und/oder Unternehmen zu einer neuen Organisationseinheit so viel Gleichverteilung wie im Rahmen der gebotenen Möglichkeiten zulässig zu schaffen. Das erzeugt Vertrauen und baut vorhandene Vorurteile eher ab.

Kulturunterschiede aktiv überwinden

Gerade bei M&As tritt das Problem von Kulturunterschieden der zusammengeführten Unternehmen besonders massiv auf. Dies gilt umso mehr, wenn:

1. Die Unternehmen aus unterschiedlichen Ländern mit deutlich divergierenden Landeskulturen stammen (vgl. dazu die Fallstudie aus Abschn. 3.2.3)
2. Die Unternehmen unterschiedlich groß waren, ein Mittelständler etwa in ein Großunternehmen integriert wird (vgl. hierzu die Fallstudie aus Abschn. 3.2.2)
3. Die Unternehmen sich in unterschiedlichen Phasen ihres Lebenszyklus befinden (Abschn. 5.1), etwa ein junges Sart-up in einen traditionellen Großkonzern integriert werden soll

In diesen Fällen ist mit mehr oder weniger offenen Konflikten zwischen den Beteiligten zu rechnen, die sich noch verschärfen, wenn

eine Gruppe die andere dominiert (Abschn. „Dominanz vermeiden").
Das grundlegende Problem von Kulturunterschieden ist, dass die
eigene Kultur als so selbstverständlich wahrgenommen wird, dass man
Schwierigkeiten anderer mit dieser Kultur nicht nachvollziehen kann
und deren Verhalten leicht als Fehlverhalten abstempelt, was wiederum
Konflikte schürt. Ein triviales Beispiel ist etwa Pünktlichkeit, die in
unterschiedlichen Kulturen unterschiedlich strikt interpretiert wird.
Heißt für Land „A" 16 h in der Regel, dass das Meeting nicht vor
16:15 h beginnt, kann in Land „B" 16 h einen Start des Meetings um
Punkt 4 h nachmittags bedeuten. Das Zuspätkommen der Vertreter
aus „A" wird dann von denen aus „B" zu Unrecht als Unpünktlichkeit
bewertet.

> **Integrationsproblem: Fremde Kultur**
>
> Kulturunterschiede von Unternehmen oder Organisationsbereichen
> führen bei deren Integration in neue Organisationseinheiten in der Regel
> zu verdeckten oder offenen Konflikten, wenn beide Seiten auf diese
> Situation nicht ausreichend vorbereitet werden.

Kulturunterschiede sind immer eine Herausforderung, diese fällt aber
geringer aus, je mehr die Vertreter der jeweiligen Kultur über die Kultur
der anderen Seite wissen. Am besten schon vor deren Zusammentreffen.
Dazu bieten sich vor allem an:

1. Der proaktive Besuch von Kulturseminaren, vor allem beim
   Zusammentreffen unterschiedlicher Landeskulturen, etwa im
   Rahmen eines M&A.
2. Das Bewusstmachen unterschiedlicher Unternehmenskulturen im
   Rahmen der Zusammenarbeit. So wurde etwa beim Merger der
   Netzwerksparten des finnischen Unternehmens Nokia mit dem
   deutschen Konzern Siemens zu Nokia-Siemens Networks bei Arbeits-
   Meetings als geplanter Punkt auf der Agenda über jeweils neue
   Erfahrungen mit Kulturunterschieden berichtet, die dann in eine
   Liste aufgenommen wurden, die allen zur Verfügung stand. Miss-
   verständnisse, etwa, dass die Anrede eines unbekannten deutschen
   Kollegen mit dem Vornamen und ohne akademischen Titel durch

einen finnischen Vorgesetzen keine Unhöflichkeit darstellt, konnten so aufgedeckt und ausgeräumt werden (Lauer, 2019).

3. Die Zusammenarbeit von Vertretern gleicher Funktionsbereiche oder Bildungshintergründe in kleinen, möglichst ausgewogen besetzten Teams (s. hierzu die Fallstudie aus Abschn. 3.2.3).

Führungstipp Integration 2
Beschäftigen Sie sich vor der Schaffung neuer Organisationseinheiten mit möglichen kulturellen Unterschieden der zusammengeführten Organisationsmitglieder und legen Sie Kulturunterschiede offen, um aus Missverständnissen resultierende Konflikte zu vermeiden.

2.1.7 Erfolgsfaktor Re-Edukation

Angst vor Überforderung durch das, was als neue Herausforderung nach oder während eines Wandels auf die Betroffenen zukommt, ist eine der maßgeblichen Quellen für Widerstände (Abschn. 1.4.2). Nicht nur, aber vor allem auch im Rahmen von Digitalisierungsprozessen tritt dieses Problem verstärkt auf, denn Digitalisierung erfordert zumeist auch das Erlernen neuer Systeme und Prozesse (siehe dazu die Fallstudien in Kap. 4).

Agieren ist besser als reagieren
Eine erlebte oder befürchtete Überforderung durch neue Aufgaben oder Anforderungen, die Wandel mit sich bringt, ist ein Nährboden für Ängste und Befürchtungen der Betroffenen in Bezug auf die eigene Person und damit ein Nährboden für Widerstände. Diese treten dann besonders auf, wenn die Betroffenen „ins kalte Wasser" geworfen werden und man erst nach Einführung neuer Prozesse oder Systeme feststellt, dass eine Überforderung vorliegt und Trainingsmaßnahmen geboten wären. (s. etwa die Fallstudie in Abschn. 4.2.2).

Personalentwicklungsfalle: Mangelnde Pro-Aktivität

Wartet man mit Personalentwicklungsmaßnahmen bis zum Auftreten von Kompetenzdefiziten, werden vorhandene Ängste und Befürchtungen der Betroffenen vor Überforderung noch angeschürt und Widerstände gegen den Wandel entsprechend größer ausfallen.

Besser ist deshalb, vorab, also proaktiv zu analysieren, welche neuen Fähigkeiten oder welche neuen Wissensbestandteile bei den Betroffenen erforderlich sind, um erfolgreich den Wandel bewältigen zu können. Dies kann darüber hinaus auch die Notwendigkeit der Veränderung von Einstellungen zur Arbeit beinhalten, etwa wenn ein vormals öffentlicher Betrieb in ein im Wettbewerb stehendes Unternehmen transformiert wird (wie einst etwa Post oder Bahn) und man Kundenorientierung lernen muss. In Fällen wie diesen sollten die möglichen Kompetenzlücken bereits in der Planungsphase des Wandels analysiert werden und den Betroffenen mit der Verkündung des angestrebten Wandels auch die entsprechenden Schulungs- und Unterstützungsangebote aufgezeigt werden. Je individueller dies geschieht, je stärker also auf die Kompetenzlücken und Befürchtungen der einzelnen eingegangen werden kann, umso wahrscheinlicher ist es, Ängste und damit auch Widerstände zu minimieren.

Führungstipp Re-Edukation 1

Analysieren Sie vor dem Start eines Wandels, welche Kompetenzlücken bei den Betroffenen vorhanden sein könnten und bieten Sie mit der Verkündigung des geplanten Wandels Schulungs- und Unterstützungsmöglichkeiten an.

Auf Nachhaltigkeit achten

Kennen Sie das? Sie haben ein Seminar besucht, z. B. zum Thema Zeitmanagement. Sie verlassen den Schulungsraum voller Mut und Optimismus und mit der Überzeugung ausgestattet, dass Sie künftig kompetenter und erfolgreicher Handeln werden, also z. B. ihre Zeit effizienter nutzen. In den ersten Tagen nach dem Seminar befolgen

Sie noch einige der dort erlernten Tipps und Ratschläge, nach und nach verfallen Sie, auch wegen des Drucks des Tagesgeschäfts, in alte Muster zurück. Grund für diesen Effekt ist die sogenannte Transferlücke (Berthel & Becker, 2010; Neuberger, 1994).

Transferlücke

Eine Transferlücke bezeichnet die Differenz zwischen dem theoretisch in einer Schulung Erlerntem und dem Ausmaß seiner praktischen Umsetzung. Diese Differenz ergibt sich aus dem Zusammenspiel verschiedener Aspekte:

1. Die Wirklichkeit ist komplexer als die in der Schulung besprochene Situation oder weicht im Detail davon ab. Man müsste das Erlernte modifizieren, um es für die reale Situation zu nutzen, weiß aber nicht, wie dieser Transfer genau aussieht.
2. Im Laufe der Zeit wird das Erlernte schrittweise vergessen.
3. Es mangelt an Disziplin, das Erlernte umzusetzen, da Neues anzuwenden zunächst zumeist ein höheres Energielevel, etwa durch erhöhte Aufmerksamkeit, benötigt und deswegen zunächst anstrengender ist.

Eine solche Transferlücke kann die Wirksamkeit von Schulungen, wenn diese wie in Abschn. „Agieren ist besser als reagieren" vorgeschlagen proaktiv durchgeführt werden, in der Praxis massiv konterkarieren.

Personalentwicklungsfalle: Mangelnde Nachhaltigkeit

Besteht das Personalentwicklungsangebot im Rahmen von Wandel ausschließlich aus Seminaren und Tranings off-the-job, so ist die Gefahr einer Transferlücke groß, wodurch sich der Trainingseffekt in der Praxis langfristig kaum positiv auswirkt.

Deshalb sollte man bei der Planung der Schulungs- und Trainingsmaßnahmen auf deren Nachhaltigkeit im Sinne der Realisation einer dauerhaften Veränderung achten. Eine geeignete Methode ist dabei, Off-the-job-Angebote, wie etwa Seminare oder Trainings, mit anschließenden On-the-job-Angeboten zu ergänzen. Diese On-the-job-Angebote können vor allem durch folgende Maßnahmen realisiert werden:

1. *Coachings:* Hierbei werden die zuvor geschulten Personen in der Praxis eine Zeitlang durch einen Coach begleitet, mit dem sie die Umsetzung des Erlernten im Alltag von Zeit zu Zeit gemeinsam reflektieren können (Lauer, 2006). Dies fördert die Motivation, das Gelernte auch anzuwenden und gibt zugleich Hilfestellung beim Praxistransfer. Coaches sind zumeist externe Profis oder zumindest keine Vorgesetzten in direkter Linie. Coaching erfreut sich immer stärkerer Popularität (Kienbaum, 2017), da die Nutzenkomponenten aus der Nachhaltigkeit die Kosten der individuellen Begleitung zumeist aufwiegen. Ein schönes Beispiel für gelungenes Coaching bietet die Fallstudie aus Abschn. 5.2.1.

2. *Mentoring:* Ähnlich wie Coaching bekommen die Geschulten hier eine Person an die Seite gestellt, mit der sie ihre persönlichen Praxis-Erfahrungen mit dem in Schulungen zuvor Erlernten reflektieren können. Der Mentor ist aber zumeist eine interne Kollegin oder interner Kollege, der mehr Erfahrung aufweist, aber nicht unbedingt professionell im Coaching geschult wurde. Auch Mentoren sollten nicht die unmittelbaren Vorgesetzten sein, damit die Hemmschwelle, offen über eigene Probleme und Herausforderungen zu sprechen, möglichst gering ist.

3. *Erfahrungsaustausch:* Geschulte können sich auch regelmäßig zum Erfahrungsaustausch treffen, um gemeinsam die Anwendung des Erlernten zu reflektieren, Probleme anzusprechen und Lösungswege auszutauschen. Dies kann durch persönliche Treffen geschehen, aber auch (ergänzend) durch interne soziale Medien im Unternehmen. Hier bietet die Fallstudie aus Abschn. 4.2.2 positives Anschauungsmaterial.

Führungstipp Re-Edukation 2

Ergänzen Sie Off-the-Job-Schulungen mit gezielten, zeitlich nachgelagerten On-the-Job-Maßnahmen wie Coaching oder Mentoring, um eine nachhaltige Wirkung der neu erlernten Fähigkeiten und Verhaltensweisen zu gewährleisten.

2.1.8 Erfolgsfaktor Projekt-Organisation

Bewusst geplanter Wandel, und um den geht es hier ja in erster Linie, findet in der Regel in Form von Projekten statt, die je nach Ausmaß des Wandels auch aus einem ganzen Projektgeflecht mit Haupt- und Teilprojekten bestehen können. In den folgenden Abschnitten soll kein Kurzseminar in Projektmanagement erfolgen, vielmehr möchte ich auf die Aspekte eingehen, die im Change Management besonders wichtig sind und auf die bisweilen zu wenig Gewicht gelegt wird.

Mit den Besten starten
Wenn man Wandel anstößt, so sollte der Anlass wichtig genug sein, den Wandel zu rechtfertigen. Zudem ist Wandel herausfordernd, schon allein wegen der zu erwartenden Widerstände (Abschn. 1.4). Deshalb ist es geboten, den Wandel in die Hände der Besten zu geben, also der Personen, die die benötigten inhaltlichen und Führungskompetenzen zur erfolgreichen Bewältigung des Wandels aufweisen. Nicht selten erfolgt die Zuweisung von Personalressourcen aber nach dem Prinzip: „Wer hat gerade noch ausreichend Kapazität?" Oder, wenn stattdessen den Besten Verantwortung übertragen wird, dann nicht selten als Add-on zu der bisherigen Aufgabenflut. Beides ist nicht optimal und führt entweder zu geringem Projekterfolg oder zu Überlastung der Besten, eventuell bis hin zum Burn-Out.

> **Projektmanagementherausforderung: Geeignete Personalres-sourcen**
> Besetzen Sie ein Projekt nicht vornehmlich danach, wer zeitlich verfügbar ist, und vergeben Sie wichtige Projektarbeit im Wandel nicht als Add-on zu schon bestehenden Aufgaben, denn dies kann leicht zur Überlastung der besten Personalressourcen führen.

Versetzen Sie sich in die Lage eines Fußballtrainers. Dieser würde in wichtigen Partien auch die besten Spieler aufstellen und diese dann eventuell bei anderer Gelegenheit, etwa einem Pokalspiel gegen einen unterklassigen Gegner, schonen. Diese Belastungssteuerung, die heutzutage im Spitzensport *en vogue* ist, braucht man auch im „Spitzenmanagement". Vergeben Sie die Aufgaben also konsequent nach Wichtigkeit und Qualifikationserfordernis. Die dafür am besten Geeigneten bekommen dementsprechend die wichtigsten Aufgaben übertragen und werden im Gegenzug konsequent in gleichem Ausmaß von Aufgaben entbunden, die andere erledigen können.

> **Führungstipp Projekt-Organisation 1**
> Vergeben Sie wichtige Projektbestandteile des Wandels an die dafür am besten geeigneten Personalressourcen und entlasten Sie diese konsequent um weniger wichtige Aufgaben, die andere genauso gut erledigen können.

Projektmanagement ist auch Teammangement

Projektmanagement wird bisweilen zu sehr als rein organisatorische Aufgabe gesehen, bei der ein Zeitplan erstellt wird, Ziele und Termine gesetzt werden und deren Einhaltung überwacht wird. Ob ein Projekt funktioniert, hängt aber nicht unwesentlich davon ab, ob das Projektteam motiviert und kooperativ zusammenarbeitet.

> **Projektmanagementherausforderung: Teambuilding**
> Vernachlässigen Sie nicht das Teambuilding in Projekten, denn Projektarbeit ist Teamarbeit und gelingt umso besser, je höher der Zusammenhalt der Projektmannschaft in Bezug auf die Zielerreichung ist.

Aspekte, die die Integration in Projektteams erschweren können, weil bisher Fremde aufeinander treffen, wurden schon in Abschn. 2.1.6 abgehandelt. Neben der Überwindung von Vorurteilen ist aber auch ein aktives Teambuilding angezeigt. Das muss nichts Kostspieliges, wie eine Fernreise oder irgendein Abenteuercamp, sein. Arbeiten Sie hier ruhig mit einfachen Teamevents. Ein Bowlingabend mit einem Wettbewerb von Subteams oder ähnliches reichen schon aus.

Schwieriger ist das Team-Building, wenn es sich um hauptsächlich virtuelle Teams handelt. Hier sollte man vor allem zu Beginn versuchen, ein (idealerweise mehrtägiges) Treffen in Präsenz zu organisieren, welches neben arbeitsorganisatorischen auch Spaßelemente (wie etwa einen Bowlingabend) beinhaltet. Danach gelingt die virtuelle Arbeit besser, weil das Sich-kennen Vorurteile abbaut und Vertrauen schafft, was dann wiederum die Gefahr von kommunikativen Missverständnissen (Abschn. 1.4.2) der virtuellen Arbeit verringert. Aber auch in der virtuellen Teamarbeit sollte neben der funktionalen Kommunikation der persönliche Aspekt nicht zu kurz kommen. Virtueller Smalltalk zu Beginn und zu Ende eines Treffens oder gemeinsame virtuelle Kaffeepausen können hier helfen (Lauer, 2019).

> **Führungstipp Projekt-Organisation 2**
>
> Bauen Sie bewusst Teambuilding-Maßnahmen ein, vor allem zu Beginn eines Projektes. Auch in virtuellen Teams ist dies besonders wichtig, um Vertrauen zu schaffen und die Gefahr kommunikativer Missverständnisse gering zu halten.

Planen, ja, aber flexibel

Change Management meint, wie gesehen, das Management von Wandel. Wandel ist in der Regel notwendig, um sich an geänderte Rahmenbedingungen anzupassen. Wie eine optimale Anpassung an solchermaßen geänderte Bedingungen aussieht, ist dabei *a priori* in den seltensten Fällen klar. Was existieren sollte, ist eine klare Vision (Abschn. 2.1.3). Wie diese Vision jedoch in der Praxis genau zu erreichen ist, bedarf der schrittweisen Annäherung, wobei man im Verlaufe des Wandels zumeist dazulernt und neue Ideen und Maßnahmen generiert, die eventuell andere Ideen ablösen, die man zunächst hatte.

> **Die Entdeckung der Magellan-Straße**
>
> Die Entdeckung der Route vom Atlantik zum Pazifik um die Südspitze von Südamerika herum gelang 1520 dem portugiesischen Seefahrer Ferdinand Magellan. Die Route trägt seither den Namen Magellan-Straße und ist ein gutes Beispiel für die schrittweise Umsetzung einer Vision. Um die Süd-

spitze Amerikas gibt es ein Geflecht an Inseln und Fjorden und zudem sehr ungünstige Witterungsbedingungen. Selbstredend gab es zu dieser Zeit noch keine Kartographie der Region, sodass Magellan seine Vision eines Seeweges zwischen den beiden größten Ozeanen im Trial-and-Error-Verfahren erkunden musste. Er fuhr mehrmals mit seiner Flotte in Passagen, die sich als Sackgassen entpuppten, musste wieder umdrehen und einen neuen Weg suchen. Schließlich fand er die geeignetste Passage und konnte so seine Vision verwirklichen (Puri, 2009).

Genauso wenig wie Magellan (s. Beispiel) von Vornherein wissen konnte, wo sich die geeignetste Passage um die Südspitze Amerikas herum befindet, wissen wir in großen Projekten des Wandels von Vornherein nicht, wie genau das optimale Ergebnis aussieht. Wir sollten aber eine grobe Vision davon haben, was wir anstreben. Wenn die genauen Schritte zur Realisierung dieser Vision aber heute noch nicht bekannt sind, macht es wenig Sinn, detaillierte Projektpläne über längere Zeiträume aufzustellen und sklavisch daran festzuhalten.

Projektmanagementherausforderung: Planung vs. Flexibilität

Da man in der Regel *a priori* nicht genau weiß, welche Maßnahmen und Ideen umzusetzen sind, um die Vision des Wandels zu realisieren, macht es wenig Sinn, zu Beginn des Wandels detaillierte Projektpläne aufzustellen und starr daran festzuhalten.

Geeigneter in einer solchen Situation ist ein eher agiles Projektmanagement (Highsmith, 2010). Dabei muss man nicht unbedingt 1:1 etablierten Methoden wie etwa Scrum folgen. Wichtig ist vor allem, dass man offen für neue, zusätzliche oder bessere Ideen ist und dem Festhalten an Plänen nicht das Primat gegenüber einem guten Ergebnis einräumt (Highsmith, 2010).

Führungstipp Projekt-Organisation 3

Führen Sie Change-Projekte in einem eher agilen Geist durch. Das bedeutet vor allem, dass man flexibel und offen für neue, zusätzliche oder bessere Ideen ist und dem guten Projektergebnis Priorität vor der starren Befolgung von Projektplänen einräumt.

Schnelle Erfolge helfen
Ein Grundsatz agilen Managements (Abschn. „Planen, ja, aber flexibel")
ist das Erzielen schneller, sichtbarer Ergebnisse. Dies ist aus Change-
Management-Sicht auch deshalb besonders wichtig, weil dadurch
der Motivationserhalt im Prozess des Wandels aktiv gefördert wird
(Abschn. 1.5). Sie sollten also nicht nur auf ein großes Ziel hinarbeiten,
sondern auch schnelle Erfolge, sogenannte Quick-Wins nicht vergessen
und diese, nach deren Realisation, aktiv in und außerhalb des Projektes
kommunizieren.

> **Projektmanagementherausforderung: Kommunikation**
> Erzielt ein Projekt in absehbarer Zeit keine sichtbaren Erfolge oder
> werden diese nicht ausreichend kommuniziert, so kann die Motivation
> im Projektteam leiden als auch die Unterstützung des Projektes durch das
> Top-Management nachlassen.

Quick Wins zeichnen sich dadurch aus, dass sie zumeist mit wenig
Zeit- und Ressourcenaufwand zu realisieren sind, aber schon sichtbaren Nutzen in Richtung der angestrebten Vision bringen. Idealerweise planen Sie gleich zu Beginn *bewusst* solche Quick Wins ein. In
internen Projektmeetings und auch extern, zum Beispiel in Sitzungen
von Projektlenkungsausschüssen oder in Unternehmensmedien, sollten
diese Quick Wins dann gezielt vermarktet werden, um die breite Unterstützung des Wandels zu fördern.

> **Führungstipp Projekt-Organisation 4**
> Planen Sie schnelle Erfolge (Quick Wins) von Vornherein aktiv in Ihrem
> Projekt des Wandels ein und kommunizieren Sie die Realisation dieser
> Erfolge gegenüber den Projektbeteiligten und den Managementebenen
> im Unternehmen.

Mit kleinen Schritten kommt man bisweilen schneller voran
Kleine erste Schritte, im Sinne von Quick Wins (Abschn. „Schnelle
Erfolge helfen"), sind nicht nur wichtig, um Motivation im Projekt zu

erhalten. Kleine Schritte bieten sich oftmals auch an, um überhaupt schrittweise Vertrauen in die geplanten Maßnahmen zu erlangen und die Organisation nicht mit zu viel Änderungen auf einmal zu überfrachten.

Projektmanagementherausforderung: Alles auf einmal

Im Rahmen von Wandel wird nicht selten zu viel auf einmal verändert. Dies kann die Organisation überfordern und die Wahrscheinlichkeit und das Ausmaß von Widerständen erhöhen.

In den meisten Fällen gibt es in Organisationen Bereiche oder Personen, die dem geplanten Wandel gegenüber aufgeschlossener sind als andere. Diesen Umstand kann man sich für eine schrittweise Einführung zunutze machen. Hier bietet es sich an, zunächst in diesen Bereichen den geplanten Wandel als Pilotprojekt umzusetzen. Probleme, die bei fast jeder Änderung zu Beginn auftreten, werden von diesen Bereichen in aller Regel mit mehr Geduld akzeptiert und gemeinsam an einer Optimierung zur Problemlösung gearbeitet. Sind dann die neuen Prozesse erst einmal ausgereifter und können erste Erfolge nachgewiesen werden, ist ein weiterer Roll-Out des geplanten Wandels innerhalb der Organisation leichter. Zumal die pilotierenden Einheiten nun als glaubwürdige Multiplikatoren im Sinne von Change Agents auftreten können (siehe hierzu auch die Fallstudien aus den Abschn. 4.2.1 und 4.2.2).

Führungs-Tipp Projektprganisation 5

Starten Sie mit Pilotprojekten, bei denen an ausgewählten Beispielen und mithilfe von Verantwortlichen, die für die Veränderung aufgeschlossen sind, erste Ziele und Maßnahmen des Wandels umgesetzt werden können. Nutzen Sie die Pilot-Verantwortlichen anschließend als Change-Agents, die intern für den Wandel werben und Best-Practices weitergeben.

2.1.9 Erfolgsfaktor Konsultation

Nicht immer ist Wandel mit der Einbeziehung von externen Experten wie etwa Unternehmensberatungen oder professionellen Moderatoren verbunden. Gerade aber dort, wo starke Widerstände und daraus resultierend Konflikte zwischen Interessensgruppen zu erwarten sind, bietet sich professionelle Unterstützung an. In diesen Fällen sind dann einige Aspekte besonders zu berücksichtigen, soll der Beratungs-Einsatz erfolgversprechend sein.

Manchmal ist externe Hilfe angebracht
Gerade Führungskräfte können ob ihrer eigenen Kompetenz und erlebter Erfolge leicht zur Ansicht neigen, auch geplanten Wandel ohne fremde Unterstützung erfolgreich bewältigen zu können. Dies kann in manchen oder gar vielen Fällen auch gelingen. Dort aber, wo das Potenzial von Widerständen besonders groß ist, besteht die Gefahr, dass es zu unproduktiven Konflikten kommt und effektive Fortschritte selbst bei Berücksichtigung des Erfolgsfaktors Partizipation ausbleiben. Maßgebliche Ursache dafür ist, dass das Management in den konfliktträchtigen Situationen kaum als neutraler Moderator durch die Betroffenen wahrgenommen wird. Zudem sind die wenigsten Führungskräfte in der Moderation solcher Prozesse, etwa der effizienten und zielgerichteten Gestaltung von Workshops, ausgebildet.

> **Herausforderung: Unterschätzte Notwendigkeit von Beratung**
>
> Überschätzen Sie nicht Ihre eigenen Kompetenzen bei herausfordernden Change-Vorhaben! Vor allem in Situationen, wo das Potenzial von Widerständen gegen den Wandel groß ist, führen auch partizipative Maßnahmen eventuell nicht zu einer Abmilderung der Widerstände, da die Initiatoren des Wandels durch die Betroffenen nicht als neutrale Moderatoren wahrgenommen werden oder schlichtweg die entsprechenden Techniken zur effektiven Erzielung von Ergebnissen aus solchen Prozessen nicht beherrschen.

In solchen Fällen bietet sich die Einbeziehung externer Spezialisten an. Diese können vor allem für die effiziente und effektive Moderation partizipativer Maßnahmen herangezogen werden, etwa in Form von Workshops. Oder aber die Initiatoren und Hauptverantwortlichen des Wandels nehmen ein Coaching (Abschn. „Auf Nachhaltigkeit achten") durch Change-Management-Experten in Anspruch, welches hilft, die im gesamten Kap. 2 aufgezeigten Fallstricke zu vermeiden und die Erfolgsfaktoren aktiv zu nutzen.

> **Führungstipp Beratung 1**
>
> Nutzen Sie in herausfordernden Situationen des Wandels gezielt externe Experten für die Moderation partizipativer Maßnahmen und zum eigenen Coaching als verantwortliche Führungskraft.

Auf die sorgfältige Auswahl kommt es an

Die in Abschn. „Manchmal ist externe Hilfe angebracht" aufgezeigten Vorteile der Einbeziehung externer Experten werden obsolet, wenn ein ungeeigneter Berater engagiert wird. Eine solchermaßen geringe Eignung kann sich darin zeigen, dass der Experte wenig soziale Kompetenz in Bezug auf untere Hierarchieebenen aufweist und somit Widerstände eher vergrößert. Diese soziale Kompetenz ist neben der fachlich-methodischen von besonderer Bedeutung, denn der Berater benötigt die Akzeptanz breiter Kreise der Betroffenen und diese ist als „Fremder" zunächst einmal gefährdet (Abschn. 1.4.2). Zugleich müssen sich auch die Auftraggeber mit dem Externen wohlfühlen und ein vertrauensvolles Verhältnis entwickeln.

> **Fehler bei der Beraterauswahl**
>
> Nehmen Sie nicht den erstbesten Berater, denn ein ungeeigneter Berater kann die Probleme im schlimmsten Fall sogar noch vergrößern und Widerstände verstärken. Dies gilt vor allem dann, wenn der Berater nicht die Akzeptanz großer Teile der Betroffenen genießt.

Beratung, egal in welcher Form, ob als Moderation oder als Coaching, stellt eine persönliche Dienstleistung dar. Wie bei jeder persönlichen Dienstleistung lässt sich diese nicht beliebig multiplizieren, sondern hängt an der spezifischen Person des Dienstleisters, genauer gesagt sogar am Zusammenwirken von Dienstleister und Dienstleistungsempfänger (Bruhn et al., 2019). Insofern geben Aspekte wie der Markenname eines Dienstleistungsunternehmens (etwa einer namhaften Beratung) oder auch der Preis der Leistung nur bedingt Auskunft über dessen Qualität. Der Preis wird hier nicht selten genutzt, um eine Qualität vorzuspielen und diese Qualität des Produktes Beratung lässt sich durch ein Unternehmen auch nicht in dem Maße kontrollieren wie bei dinglichen Produkten, da die Menge geeigneter Personen als Berater endlich und nicht beliebig vermehrbar ist. Gerade aber große Beratungsunternehmen müssen nicht selten in kurzer Zeit viele Berater engagieren, um große Projekte abzuwickeln. Bessere Auswahlkriterien für Sie sind deshalb die persönliche Empfehlung eines bestimmten Beraters (nicht nur der Beratungsgesellschaft) durch Vertreter (vergleichbarer) Unternehmen, der Nachweis von Referenzen und/oder das testweise Ausprobieren der Beratungsleistung für einen zunächst begrenzten Umfang (etwa die Moderation eines Workshops oder das Coaching für eine Woche). Hierbei können Sie sich einen persönlichen Eindruck machen und auch erkennen, ob die soziale Kompetenz und auch der kulturelle Fit in Bezug auf das eigene Unternehmen ausreichend gegeben sind. Denn dieser kulturelle Fit ist ebenfalls nicht zu unterschätzen, um eine „Ablehnung von Fremden" als weiterer Quell von Widerstand (Abschn. 1.4.2) zu vermeiden. So verursacht ein Berater im teuren Maßanzug, der sich in hohem Ausmaß (Pseudo-)Anglizismen der Managementsprache bedient, bei Vertretern von traditionellen Mittelständlern eher Ablehnung und kann kaum das Vertrauen gewinnen.

Führungstipp Beratung 2

Wählen Sie Berater sorgfältig aus und achten Sie neben dem fachlich-methodischen Know-how vor allem auch deren soziale Kompetenz und den kulturellen Fit mit Ihrem Unternehmen.

Beratungsresistenz macht Beratung sinnlos

Führungskräfte sind zumeist auch deshalb Führungskräfte, weil sie eine hohe Kompetenz besitzen und zugleich in der Lage sind, ihre Positionen durchzusetzen. Beratung macht aber nur dann Sinn, wenn man sich seiner partiellen Kompetenzlücken bewusst und zudem auch gewillt ist, bisherige eigene Positionen selbstkritisch infrage zu stellen. Denn genau dort setzt ja der Mehrwert von Beratung an, Kompetenzlücken zu füllen, etwa bei der professionellen Moderation partizipativer Maßnahmen, oder aber den eigenen Horizont zu erweitern und gegebenenfalls auch eigene Einstellungen zu hinterfragen und zu ändern.

> **Beratungsresistenz als „Killer"**
>
> Wenn man glaubt, alles besser zu wissen und Vorschläge vonseiten der Berater fast durchgängig ablehnt oder nur Bestätigung für die eigenen Überzeugungen sucht, macht Beratung wenig Sinn.

Aus diesem Grund ist eine Offenheit für die Empfehlungen und Maßnahmen der Berater unabdingbare Voraussetzung. Offenheit darf in diesem Zusammenhang aber nicht mit Kritiklosigkeit verwechselt werden. Beraterempfehlungen sollten durchaus gemeinsam und kritisch diskutiert werden, um im Zusammenspiel die besten Lösungen zu finden. Gute Berater zeichnet auch aus, dass sie für solche Dialoge ebenfalls offen sind und ihre Positionen an die besonderen Bedingungen des Unternehmens und des Projektes adaptieren. Nehmen Sie eine andere Dienstleistung als Beispiel, das Haareschneiden. Wenn Sie jeden Vorschlag Ihres Frisörs oder Ihrer Frisörin ablehnen, werden Sie vielleicht in 20 Jahren noch die gleiche Frisur haben, die dann aber kaum mehr modern ist oder nicht mehr zu ihrem Alter passt. Und, Sie werden neue Erfahrungen verpasst haben. Gleichzeitig ist es aber richtig, nicht jeden Vorschlag aufzunehmen, wenn Sie sich zum Beispiel mit einer Frisur gar nicht wohlfühlen würden. Auch hier kommt es darauf an, im Dialog den richtigen Weg des Wandels zu finden.

> **Führungstipp Beratung 3**
>
> Seien Sie offen für Vorschläge von Beratern, übernehmen Sie diese aber auch nicht kritiklos, sondern versuchen Sie, gemeinsam im konstruktiven Dialog mit den externen Experten den für Ihr Unternehmen optimalen Weg zu finden.

2.1.10 Erfolgsfaktor Evolution

Beim letzten hier vorgestellten Erfolgsfaktor, „Evolution", geht es weniger um die Steuerung eines konkreten Veränderungsvorhabens, sondern vielmehr um die Schaffung eines Klimas, in dem Wandel grundsätzlich besser gelingt. Idealerweise wird auf diese Weise eine Organisation geschaffen, die sich beständig in kleinen Schritten verändert und sich so ohne merkliche größere Anstrengungen und Widerstände erfolgreich an veränderte Umweltbedingungen anpasst. Was eine so geartete Organisation auszeichnet bzw. wodurch ein Klima steten Wandels verhindert wird, soll im weiteren Verlauf aufgezeigt werden.

Aus Fehlern wird man klug

Es mag trivial klingen, aber Fehler sind tatsächlich auch eine Chance, eine Chance zu lernen und Dinge besser zu machen. Sie mögen nun einwenden, dass es besser wäre, die Fehler erst gar nicht zu begehen. Aber, wenn Sie Wandel, also etwas Neues wagen, dann begeben Sie sich automatisch auch auf unbekanntes Terrain und können im Vorhinein nie garantieren, dass etwas funktioniert. Das gilt auch bei noch so guter Vorab-Analyse, etwa einer umfangreichen Marktforschung im Vorfeld des Launchs eines komplett neuen Produktes. Als Führungskraft versteht man seine Rolle aber nur allzu leicht darin, Mitarbeiter vor allem darauf zu trimmen, Fehler zu vermeiden. Dies ist auf bekanntem Terrain soweit auch in Ordnung, erstickt aber in Bezug auf das Ausprobieren von Neuem den Wandel schon im Keim.

Herausforderung: Umgang mit Fehlern

Bestrafen Sie nicht diejenigen, die Fehler begangen haben, weil sie etwas Neues ausprobiert haben, etwa einen bestimmten Prozess verändert. Wandel lebt vom Ausprobieren und es gibt diesbezüglich keine Vorab-Garantie für ein Gelingen. Nur über das Wagen von Neuem ist Entwicklung möglich.

Das Stichwort, welches es hier zu beherzigen gilt, lautet Fehlertoleranz. Organisationen, in denen das Ausprobieren von Neuem auch unter Inkaufnahme des Scheiterns ausdrücklich erwünscht ist, sind flexibler und können auf Unerwartetes besser reagieren. Skeptikern sei gesagt, dass dies natürlich immer nur bis zu einem gewissen Maße gilt. Wer etwa an den Schalthebeln eines Kernkraftwerks sitzt, sollte nicht Unverantwortliches ausprobieren, in der Hoffnung dadurch ein paar Euro einzusparen. Diese Selbstverantwortung ist eine Voraussetzung für Vertrauen.

Führungstipp Evolution 1

Ermuntern Sie Mitarbeiter Neues auszuprobieren, auch auf die Gefahr hin, dass dies fehlschlägt. Dies gilt, sofern die Risiken solcher Fehlschläge überschaubar sind.

Wissen ist Macht

Wissen ist Macht und wird deshalb bisweilen auch in internen Machtkämpfen eingesetzt, zum Beispiel auch in der Form, dass man es bewusst zurückhält. „Weiß ich etwas, was der anderen Abteilung oder dem anderen Unternehmensbereich zu mehr Erfolg verhilft, dann fürchte ich eventuell, dass diese sich dann im Erfolg sonnen wird und ich selbst im internen Wettbewerb hintanstehe." So oder ähnlich wird nicht selten in Unternehmen gedacht. Und hat sich eine solchermaßen geartete Kultur in der gesamten Organisation erst einmal etabliert, dann bleibt dem Einzelnen fast keine andere Wahl, als dieses Spiel selbst zu spielen. Dem gesamten Unternehmen schadet ein solches Gebaren natürlich und alle würden sich besserstellen, wenn jeder das Wissen, das der andere benötigt, weitergibt. Leider handelt es sich hier um ein sogenanntes soziales Dilemma (Cress & Kimmerle, 2013). Gebe ich das Wissen weiter, die anderen aber nicht, so stehe ich am Ende schlechter da als im Fall des Wissenszurückhalts. So denken die anderen rational auch, und dies führt zu einer am Ende für alle nachteiligen Situation. Solche Dilemmata kann man mit Regeln überwinden. Dies funktioniert in der Praxis aber eher schlecht, denn wie kann man nachweisen, dass ein anderer etwas gewusst hätte, wenn er es nicht preisgibt. Auch die Installation von Wissensmanagementsystemen allein reicht hier nicht aus, denn auch diese müssen mit Informationen gefüttert werden und hier gibt es vielleicht die gleichen Vorbehalte oder man scheut zumindest den Aufwand des Einpflegens von Daten, denn man profitiert davon direkt ja nicht. Und wird ein solches Einpflegen von Daten mit Boni belohnt, führt dies eventuell sogar zum Einpflegen sinnloser Informationen, nur um den Bonus zu sichern.

Herausforderung: Machtmissbrauch Wissen

Informationen in Organisationen werden nicht selten aus Bequemlichkeit oder zum Machterhalt nicht an die Adressaten im Unternehmen weitergegeben, für die dieses Wissen von Nutzen wäre. Damit schaden sich eine Organisation und damit letztlich alle ihre Mitglieder aber selbst.

Einen Ausweg aus dem Dilemma bietet in erster Linie die Etablierung einer Kultur der offenen Information und Wissensweitergabe. Wird Wissenszurückbehalt im Unternehmen durch fast alle sozial geächtet, so sind die (sozialen) Kosten eines solchen Gebarens hoch. Wie generell schon in Abschn. 2.1.2 gesehen, spielt beim Etablieren einer solchen Kultur die Vorbildfunktion der Führungskräfte eine maßgebliche Rolle. Deshalb ist es ratsam, bei der Besetzung von Führungspositionen darauf zu achten, dass es sich um Teamplayer handelt, die die Interessen der Organisation über die eigenen stellen.

Führungstipp Evolution 2

Schaffen Sie eine Kultur der offenen Information und Wissensweitergabe, indem Sie als Verantwortlicher mit gutem Vorbild vorangehen.

Bürokratie und Hierarchie behindern Wandel

Insbesondere schon lange bestehende Großunternehmen neigen dazu, eine sehr hierarchische und bürokratische Struktur zu entwickeln. Gerade aber solche Strukturen stehen Wandel eher entgegen. Ein Vorteil mancher Sart-up-Unternehmen, die zum Beispiel in der Finanzbranche in Form der FinTechs manch alteingesessenes Finanzinstitut in Nöte gebracht haben, ist deren wenig hierarchische, dezentrale Organisation, bei der wenig Bürokratie herrscht.

Bürokratie meint fast alle denkbaren Vorfälle mit definierten Regeln zu behandeln. Diese Regeln können einst sinnvoll gewesen sein, aber mittlerweile können sich Bedingungen geändert haben oder die Regel war nur für wenige Ausnahmesituationen wichtig, erzwingt nun aber bei Routinetätigkeiten viel (unproduktiven) Extraaufwand. Regeln werden in bürokratischen Organisationen aber selten wieder aufgehoben, wenn sie erst einmal bestehen. Damit wächst der unproduktive Aufwand in Summe aber immer stärker an. Dieses Phänomen wird auch als bürokratischer Teufelskreis bezeichnet (Kühl, 2017). Herrscht gleichzeitig eine starke Hierarchie und werden jegliche Entscheidungen, zu denen es keine bürokratischen Regeln gibt, nur an der Spitze der Organisationen getroffen, so verhindert dies schnelle Entscheidungen vor Ort und schränkt die Flexibilität der Handelnden, auf neue Situationen angemessen zu reagieren, noch weiter ein.

Herausforderung: Bürokratiefalle

Der Versuch, alles mit definierten Regeln und Vorschriften regeln zu wollen, mündet zumeist in eine Überregulierung, die flexibles Handeln im Hinblick auf neue Situationen vor Ort verhindert.

Besser ist hier eine stärkere Dezentralisierung, das heißt, Entscheidungskompetenzen werden stärker auf untere Ebenen verlagert. Dies gilt vor allem dann, wenn es um Entscheidungen geht, die die Arbeit vor Ort betreffen. Hier kann man einen Entscheidungsspielraum definieren, den die Handelnden dann frei ausfüllen können. Etwa, ob und welche Kompensation Kunden bei berechtigten Beschwerden eingeräumt wird. Kundenbeschwerden sind ein gutes Beispiel für die Vorteile von Enthierarchisierung. Muss eine Beschwerde zum Entscheid erst an höhere oder höchste Stellen gelangen, so neigen die fern vom konkreten Kunden befindlichen Manager eventuell dazu, Beschwerden als übertrieben und nicht gerechtfertigt zu betrachten. Der Kunde wartet länger auf eine Kompensation, denn diese Entscheidungspyramide muss zunächst durchlaufen werden, und diese Kompensation fällt dann eventuell auch kaum zufriedenstellend aus. Kann der Kundenbetreuer vor Ort aber direkt entscheiden und das auf Basis seiner Informationen aus erster Hand, ist diese Gefahr geringer.

Führungstipp Evolution 3

Geben Sie mehr Entscheidungskompetenzen an untere Ebenen ab, vor allem in solchen Fällen, die schnelles Reagieren vor Ort erforderlich machen. Das erhöht die Flexibilität Ihrer Organisation und macht sie auf Basis des vor Ort Erlernten wandlungsfähiger.

Ihr Transfer in die Praxis

- Es passiert nicht selten, dass man beim Management von Wandel instinktiv handelt und dadurch Fehler begeht.
- Ein Wissen über diese potentiellen Fehler verhindert, in diese Fallen zu tappen.
- Wichtig ist, sich in die Lage der durch den Wandel Betroffenen zu versetzen und mögliche Gründe für Widerstände zu verstehen.
- Die systematische und proaktive Berücksichtigung der vorgestellten 9 Erfolgsfaktoren des Wandels kann Reibungsverluste durch Widerstände erheblich abmildern.

Literatur

Bandura, A. (1991). *Sozial-kognitive Lerntheorie.* Klett-Cotta.
Berthel, J., & Becker, J. (2010). *Personalmanagement. Grundzüge für Konzeptionen betrieblicher Personalarbeit* (9. Aufl.). Schäffer Poeschel.

Blake, R., & Mouton, J. S. (1964). *The managerial grid: The key to leadership excellence*. Gulf Publishing.

Bruch, H. (2006). Handeln von Leadern – Energie, Fokus und Willenskraft erfolgreicher Führungskräfte. In H. Bruch, S. Krummaker, & B. Vogel (Hrsg.), Leadership – Best Practices und Trends. Gabler.

Bruhn, M., Meffert, H., & Hadwich K. (2019). Gegenstand und Besonderheiten des Dienstleistungsmarketing. In M. Bruhn, H. Meffert, & K. Hadwich (Hrsg.), *Handbuch Dienstleistungsmarketing*. Springer Gabler.

Capgemini. (2012). Digitale Revolution. Ist Change Management mutig genug für die Zukunft. Capgemini Deutschland GmbH.

Cress, U., & Kimmerle, J. (2013). Computervermittelter Wissensaustausch als Soziales Dilemma: Ein Überblick. *Zeitschrift für Pädagogische Psychologie, 27*, 9–26.

Doppler, K., & Lauterburg, C. (2002). *Change Management. Den Unternehmenswandel gestalten* (10. Aufl.). Campus.

Frei, M. (2018). *Change Management für Führungskräfte. Eine Praxisanleitung zur betrieblichen Transformation*. Vahlen.

Highsmith, J. (2010). *Agile project management* (2. Aufl.). Addison-Wesley.

Hinkelmann, R., & Enzweiler, T. (2018). *Coaching Als Führungsinstrument. Neue Leadership-Konzepte für das digitale Zeitalter*. Gabler.

Kienbaum. (2012). *Change. Points of view. Change management-studie 2011–2012*. Kienbaum Management Consultants GmbH

Kienbaum. (2017). Future management development studie. www.kienbaum.com.

Kühl, S. (2017). Der bürokratische Teufelskreis. *Forschung & Lehre, 24*(3), 199–201.

Lauer, T. (2006). Coaching auch für Nachwuchsführungskräfte. *Personalwirtschaft, 2006*(9), 46–48.

Lauer, T. (2016). *Unternehmensführung für Dummies*. Wiley VCH.

Lauer, T. (2019). *Change Management. Grundlagen und Erfolgsfaktoren* (3. Aufl.). Springer Gabler.

Liebig, C., & Hermann, M. (2007). Wenn der Berg kreist: Wie Unternehmen Mitarbeiterbefragungen effektiv nutzen. *Wirtschaftspsychologie aktuell, 1*(2007), 15–17.

Mangelsdorf, M. (2015). *Von Babyboomer bis Generation Z. Der richtige Umgang mit unterschiedlichen Generationen im Unternehmen*. Gabal.

Neuberger, O. (1994). *Personalentwicklung* (2. Aufl.). Ferdinand Enke.

Prior, M. (2009). *MiniMax-Interventionen. 15 minimale Interventionen mit maximaler Wirkung.* Carl Auer.

Puri, C. P. (2009). *Agile management. Feature driven development.* Global India Publications.

Strasser, A., Rawolle, M., & Kehr, H. M. (2011). Wie Visionen wirken – Wissenschaftler untersuchen Motivation durch mentale Bilder. *Wirtschaftspsychologie aktuell, 2*(2011), 9–13.

Wigand, J. (2020). 6 großartige Vision-Statements – Und ihre Gegenteile. https://www.notabout.me/2014/03/11/6-grossartige-vision-statements-und-gegen-beispiele/.

3

Wandel im Rahmen von Mergers & Acquisitions

Fallstudien zu Unternehmenszusammenschlüssen und was sie uns lehren!

Thomas Lauer, Andreas Gathof, Mario Rüdel, Stefanie Lang, Thomas Seipolt, Marcel Carrion

„Zusammenkommen ist ein Beginn, zusammenbleiben ist ein Fortschritt, zusammenarbeiten ist ein Erfolg. "

Henry Ford (Pionier der automobilen Massenproduktion)

Was Sie aus diesem Kapitel mitnehmen

- Aktuelle Praxiseinblicke zum Management von Wandel im Rahmen von Mergers & Acquisitions (M&A).
- Welche typische Formen von M&A es gibt und welche Herausforderungen diese mit sich bringen.
- Was in der Praxis geholfen hat, Widerstände gegen M&A abzumildern.
- Was in der Praxis geholfen hat, Kultur- und Größenunterschiede der Unternehmen zu überwinden.

Unternehmenszusammenschlüsse, auf Englisch Mergers and Acquisitions oder kurz M&A, stellen einen massiven Eingriff in das

© Der/die Autor(en), exklusiv lizenziert durch Springer-Verlag GmbH, DE, ein Teil von Springer Nature 2021
T. Lauer, *Quick Guide Change Management für alle Fälle*, Quick Guide, https://doi.org/10.1007/978-3-662-64237-5_3

Unternehmensgefüge dar, vor allem für die von anderen Unternehmen übernommenen Gesellschaften. Mergers & Acquisitions sind zugleich aber häufiger Alltag im Geschäftsleben, nicht nur in Großunternehmen. Wegen ihrer enormen Auswirkung benötigen M&A ein besonders ausgeprägtes und bewusstes Change Management, wie im Folgenden aufgezeigt wird.

3.1 Formen und Bedeutung von M&A

In diesem Kapitel sollen unter M&A alle Formen der Unternehmensübernahme, inklusive einer – in der Praxis selten vorkommenden – Fusion verstanden werden. Eher lose Formen der Zusammenarbeit, wie etwa Strategische Allianzen oder partielle Joint Ventures, fallen nicht darunter (IMAA Institut, 2021; Jansen, 2016). Vielmehr stehen hier die Fälle im Vordergrund, bei denen das erworbene Unternehmen die wirtschaftliche Selbstständigkeit verliert und somit das Käuferunternehmen einen dauerhaften und maßgeblichen Einfluss auf die Führung des übernommenen Unternehmens ausübt (Fischer & Rademacher, 2013).

Gemäß des *Institute of Merger, Acquisitions and Alliances (IMAA)* belief sich das Volumen der Unternehmensübernahmen in Deutschland im Jahr 2020 auf etwa 93,2 Mrd. US-Dollar, wobei sich diese auf knapp 1.900 Übernahmen verteilen. Damit wurde 2020 trotz einer üblichen Übernahmezahl von etwa jährlich 2000 Fällen ein wertmäßig geringeres Übernahmevolumen verzeichnet als üblich. Grund dafür ist wahrscheinlich die vorübergehend geringere Bewertung der Übernahmekandidaten in Zeiten der Pandemie. Ein wirklicher Schwerpunkt nach Branchen lässt sich bei den Übernahmen nicht ausmachen (IMAA Institut, 2021), was nochmals die oben bereits erwähnte Allgegenwart dieses Phänomens im Geschäftsleben unterstreicht.

Wenn auch bedingt durch unterschiedliche Definitionen eines Scheiterns von M&A und unterschiedlicher Messzeitpunkte und Orte keine einheitlichen Statistiken verfügbar sind, so kommen verschiedenste wissenschaftliche Studien doch zum Ergebnis, dass das Scheitern von Übernahmen eher die Regel als die Ausnahme ist. Die Quote des Scheiterns von M&A, etwa gemessen an der Veränderung des Börsenwertes, liegt demnach zwischen etwa 40 % und 80 % und nur etwa jeder dritte M&A wird als Erfolg angesehen (Bühler & Klose, 2017; Fischer & Rademacher, 2013; Grosse-Hornke & Gurk, 2009). Ursache des Scheiterns ist nicht selten eine verpasste Integration der Unternehmenskulturen (Grosse-Hornke & Gurk, 2009; Mercer Bing & Wingrove, 2012) oder generell, dass zu viel Fokus auf die strukturelle Integration der Unternehmen gelegt wird, also der Anpassung ihrer Prozesse und Systeme, wohingegen die Komponente *Mensch* wenig Beachtung findet. Folge davon sind nicht selten massive Widerstände seitens der Belegschaft (Weinert, 2008). Die Fallstudie aus Abschn. 3.2.4 mag hier als Illustration für ein solchermaßen bedingtes Scheitern dienen.

3.2 Fallstudien zu M&A

Im Folgenden werden vier Fallstudien zum Thema M&A vorgestellt. Diese decken dabei drei unterschiedliche Ausgangssituationen ab, die zu jeweils spezifischen Herausforderungen bei M&A führen. Im Einzelnen handelt es sich dabei um:

- Unterschiedliche Unternehmenskulturen (Fallstudie Merger im Mittelstand)
- Groß schluckt Klein (Fallstudie aus der Pharmabranche)
- Internationale M&A (Fallstudie Internationales Merger in der Nuklearindustrie, Fallstudie Internationales Merger in der Luftfahrtbranche)

3.2.1 Fallstudie: Merger im Mittelstand

Andreas Gathof (Getränkepower Logistik GmbH, Geschäftsführender Gesellschafter), Mario Rüdel (WALTER FRIES Consulting, Senior Consultant)

Häufig werden Unternehmenszusammenschlüsse gerade am Anfang misstrauisch von der Belegschaft beider Seiten betrachtet. Dass dies nicht immer der Fall sein muss, eine anfängliche Euphorie zugleich aber auch kein Freifahrtschein für einen reibungslosen Wandel bedeutet, wird im folgenden Fallbeispiel eines mittelständischen Getränke-Fachgroßhändlers deutlich.

Das Unternehmen, welches heute ca. 90 Mitarbeiter beschäftigt, entstand 2011 aus dem Zusammenschluss zweier Getränke-Fachgroßhändler, die zuvor schon auf mehreren Ebenen, vor allem im Einkauf, erfolgreich kooperiert hatten. In einem Umfeld rapiden Wachstums, welches vor allem durch die Akquisition neuer Großkunden realisiert wurde, stand auch die Belegschaft dem Vorhaben positiv gegenüber, denn anders als bei vielen Mergers ging es hier nicht um die Hebung von Synergieeffekten mit anschließendem Personalabbau. Außerdem kannte man das andere Unternehmen und Teile der Belegschaft bereits und hatte bislang problemlos zusammengearbeitet. Das galt selbstverständlich auch für die geschäftsführenden Gesellschafter beider Parteien. Förderlich für die positive Stimmung war zudem, dass aus dem Zusammenschluss sichtbar etwas Neues entstand und nicht eine Seite von der anderen übernommen wurde. Dies dokumentierte sich darin, dass man an einem neuen Standort gemeinsam größere und modernere Gebäude bezog, aber auch in der paritätisch besetzten Geschäftsführung. Lediglich der Kapitalanteil wurde entgegen der ursprünglichen Planung nicht mit jeweils 50 % festgelegt, sondern wegen der größeren Finanzstärke einer der beiden Partner entsprechend angepasst. Schließlich wurden in allen Bereichen halbtägige Teambuilding-Workshops unter professioneller Moderation veranstaltet, um von Beginn an möglichst reibungslos zusammenzuarbeiten.

Trotz dieser guten Voraussetzungen zeigten sich schon bald Probleme, die auf offensichtlich unterschiedlichen Unternehmenskulturen beruhten. Zunächst äußerten sich diese auf der Mitarbeiterseite. Getränkehandel ist ein Saisongeschäft, vor allem heiße Sommertage führen zu erheblicher Mehrbelastung bei Nachschub und Pfandgutlogistik. Bei einem der beiden Mutterunternehmen (A) galt es innerhalb der Belegschaft als selbstverständlich, in solchen Zeiträumen Überstunden zu machen, um die Kundenanfragen möglichst zeitnah abarbeiten zu können. Im anderen Unternehmen (B) war hingegen ein pünktlicher Feierabend, unabhängig von der Saison, die Regel. Bei den Mitarbeitern führte dies zu Spannungen. Erstaunlicherweise kam es dabei zu Anpassungen von beiden Seiten. Einige der ursprünglichen Mitarbeiter des Unternehmens A fanden Gefallen an der Praxis, unabhängig von der Auftragslage pünktlich in den Feierabend zu gehen. Mitarbeiter mit Herkunft aus Unternehmen B hingegen identifizierten sich zum Teil mit der neuen Arbeitsmoral zugunsten des Unternehmenserfolgs. Auch auf Gesellschafterseite traten die kulturellen Unterschiede infolge stärker zutage. Passend zu den geschilderten Arbeitskulturen waren auch die Kostenkulturen different. So wurde in Unternehmen A streng nach Wirtschaftlichkeitsgesichtspunkten gehandelt, wohingegen in Unternehmen B eine kostensensitive Kultur weniger verankert war. Zunehmend stellte sich heraus, dass gerade diese Kulturunterschiede für die abweichende Finanzkraft der Unternehmen verantwortlich waren. Da eine stärkere Kostenorientierung als Notwendigkeit betrachtet wurde, im Großkundengeschäft wie geplant zu wachsen, wurden Gespräche auf Gesellschafterseite gestartet, die auf ein Ausscheiden der Ursprungs-Gesellschafter von B zielten. Schließlich wurde hierzu auch eine Übereinkunft beider Seiten erzielt. Allerdings löste dieses neue Szenario Unruhe und Angst in der Belegschaft aus. Mitarbeiter schlugen sich auf die eine oder andere Seite und offene Grabenkämpfe waren zu befürchten. Nicht zuletzt befürchteten die aus Unternehmen B stammenden Mitarbeiter, ihre Fürsprecher zu verlieren.

Letztlich konnte diese Drohkulisse aber mit einer ganzen Reihe an Maßnahmen abgewendet werden. Wichtig war dabei eine Offenheit, die die existierenden Probleme im Unternehmen nicht leugnete, zugleich aber auch die Sorgen und Nöte der Belegschaft respektierte. Zu diesem Zweck wurden zunächst die einzelnen Organisationsbereiche gruppenweise persönlich von der Geschäftsführung in Workshops über die neue Situation informiert. Wesentliches Ziel dabei war es, Vertrauen bei der Belegschaft zu schaffen, dass nicht die Unternehmens-Herkunft eines Mitarbeiters für dessen Zukunft im Unternehmen entscheidend ist, sondern ausschließlich dessen Leistung. Dass dies nicht nur leere Versprechen waren, wurde auch auf Geschäftsführungsebene dokumentiert. So blieb einer der ehemaligen Gesellschafter von

B, der den neuen Kurs mit Überzeugung vertrat, als Führungskraft im Unternehmen.

Die veranstalteten Workshops dienten aber nicht nur der Information durch die Geschäftsführung, vielmehr hatten Mitarbeiter die Gelegenheit, offen Fragen zu stellen und Kritisches zu diskutieren. Da vor allem gewerbliche Mitarbeiter in solch eher formalen Situationen den Diskurs scheuen, nutzte die Geschäftsführung zudem bewusst zufällige Begegnungen auf dem Firmengelände, um mit Mitarbeitern in einen lockeren, aber intensiven Austausch zu kommen. Auch das starke Unternehmenswachstum half, diese Situation zu überwinden. So wurden neu eingestellte Mitarbeiter, die keine Herkunft in A oder B hatten und sich von vorherein mit dem neuen Unternehmen identifizierten, ganz bewusst solchen Teams beigemischt, bei denen Konflikte aus der Historie drohten. Allerdings kam es dennoch auch zu Trennungen von Mitarbeitern, die den neuen Kurs nicht mittragen wollten. In diesen Fällen achtete man aber auf einen möglichst sauberen und freundlichen Abschied, bei dem beide Seiten das Gesicht wahren konnten.

All diese Maßnahmen erwiesen sich im Nachhinein als Initialzündung für die Schaffung einer nun vereinten Unternehmenskultur, die die Basis für Jahre prosperierenden Wachstums darstellte.

3.2.2 Fallstudie: Groß schluckt Klein in der Pharmabranche

Stefanie Lang (selbstständige Unternehmensberaterin)

Organisatorische und kulturelle Herausforderungen, wie sie im Bereich Mergers & Acquisitions typisch sind, zeigen sich am folgenden Beispiel des Aufkaufs eines mittelständischen Pharmaunternehmens durch einen großen internationalen Chemiekonzern.

Das eher mittelständisch geprägte Pharmaunternehmen, mit wenigen Tausend Mitarbeitern, wurde von einem großen internationalen Chemiekonzern übernommen und unter Aufgabe der Eigenständigkeit vollständig darin integriert. Die Mitarbeiter des Pharmaunternehmens waren es bis dato gewohnt, in einer eher familiär anmutenden

Umgebung zu arbeiten. Dementsprechend brachte die Einbettung in die Strukturen eines internationalen Großkonzerns, mit seinen vielschichtigen Abstimmungswegen, einige neue Herausforderungen für die Belegschaft mit sich. Dass die Integration dennoch erfolgreich verlief, beruhte im Wesentlichen auf einer kollegialen Zusammenarbeit aller Hierarchieebenen, den Maßnahmen eines eigens für die Integration geschaffenen Change Managements und der Aussicht auf ganz neue Möglichkeiten in Bezug auf persönliche Weiterentwicklung, mögliche Arbeitsfelder und Karrierewege, die sich in einem internationalen Konzern bieten.

Vor dem Integrationserfolg galt es aber, einige Herausforderungen zu bewältigen, die aus der Andersartigkeit der beiden Unternehmen hervorgingen. So kam es nicht selten vor, dass sich bei Projekttreffen zu einer bestimmten Thematik ein einzelner Vertreter des Pharmaunternehmens rund fünf Vertretern des Chemiekonzerns gegenübersah. Ein Mengen(un-)verhältnis, welches allein schon die neuen Machtstrukturen symbolisierte. Wegen der räumlichen Distanz der beiden Unternehmensstandorte stellten sich die fünf Vertreter zudem nur per Telefonkonferenz als neue Kollegen vor und erwarteten dann *stante pede* eine reibungslose Zuarbeit, etwa die Lieferung der für die Integration notwendigen Unternehmensdaten. Zudem herrschte bei den Mitarbeitern des übernommenen Unternehmens, wie oft bei M&A, auch eine latente Angst vor Know-how- und damit einhergehendem Status-Verlust vor. Neben diesen, eher psychologischen Barrieren waren aber auch sachliche Hindernisse zu überwinden. Aufgrund der unterschiedlichen Systeme und Strukturen waren etwa die notwendigen Anforderungen seitens der neuen Konzernmutter oftmals nicht einfach 1:1 abbildbar, was die Verständigung bei Meetings erschwerte. Auf diesem Nährboden entstand so zunächst gegenseitiges Unverständnis und Misstrauen, was die Abstimmungsschwierigkeiten wiederum verstärkte. Ein Teufelskreis kam in Gang, der auf strukturellen und kulturellen Unterschieden und dem darauf basierenden fehlenden Verständnis der Situation der jeweiligen Gegenseite beruhte. Konzern-Repräsentanten fehlte ein ausreichendes Verständnis der eher familiären Strukturen des Pharmaunternehmens, und umgekehrt mangelte es den

Mitarbeitern der integrierten Gesellschaft an Erfahrung im Arbeitsalltag eines Großkonzerns sowie an Zukunftsperspektiven im Hinblick auf ihre zukünftigen Aufgaben und Rollen. Letzteres lag darin begründet, dass die bisherigen Aufgaben der Mitarbeiter des Pharmaunternehmens in den Chemiekonzern integriert, und dort aber durch die Konzern-Mitarbeiter wie bisher weitergeführt wurden. Dennoch, mit dem Verständnis der wirtschaftlichen Notwendigkeit des M&A und einem gelebtem Team-Spirit konnte die Integration sehr kooperativ durchgeführt und der Merger letztlich erfolgreich umgesetzt werden. Gerade durch das gemeinsame Erlebnis dieser schwierigen Zeiten wurde innerhalb der Teams des Pharmaunternehmens der Zusammenhalt und die Zusammenarbeit eher noch gestärkt, obwohl bisherige Strukturen wegfielen und keiner wusste, wohin die Reise zukünftig geht. Dennoch fragte man sich weniger: „Wer macht was und warum?", sondern eher: „Wer macht was und wie?"

Eine Besonderheit dieser Übernahme stellt sicherlich der Umstand dar, dass sich das Pharmaunternehmen schon auf die Integration vorbereitete, bevor diese operativ durch den Chemiekonzern in Angriff genommen wurde. Zu diesem Zweck schuf man ein Integrationsmanagement, an dem auch externe Berater beteiligt wurden. Das Integrationsmanagement entwickelte zunächst eine der Situation angepasste, interne Kommunikationsstrategie inklusive Kommunikationsplan und stimmte alles mit den verantwortlichen Managern des Pharmaunternehmens ab. Die Umsetzung der Maßnahmen wurde dann durch wöchentlich stattfindende Projekt-Kommunikationsrunden gesteuert. In diesem Rahmen entstand nach und nach auch eine intensivere Kommunikation mit Vertretern der Konzerngesellschaft, nachdem dort ebenfalls die operative Integration in Angriff genommen wurde. Zusätzlich wurden in allen an der Integration beteiligten Teams des Pharmaunternehmens Team-Entwicklungsevents veranstaltet, in denen das Management des Pharmaunternehmens die neuesten Entwicklungen bezüglich der Integration vorstellte und man die Auswirkungen auf das eigene Team und seine Aufgaben diskutierte.

Erst mit einiger Verzögerung engagierte sich dann auch das Management der aufnehmenden Konzerngesellschaft aktiv an der Integration. Dazu wurden Vorstands-Roadshows an allen Standorten des Pharmaunternehmens organisiert. Neben einer Präsentation des Vorhabens und seiner strategischen Ziele durch den Vorstand war es den Mitarbeitern auch möglich, auf lockere Art und Weise mit dem Konzernvorstand in einen persönlichen Austausch zu gelangen und offen Fragen zur Zukunft des Unternehmens und zur eigenen Rolle darin zu stellen.

In einer vom Pharmaunternehmen initiierten Print-Anzeigen-Kampagne wurde schließlich auch die Öffentlichkeit auf die Unternehmensveränderungen eingestimmt. Die Durchführung der Kampagne hatte aber auch intern unterstützende Wirkung bei der Integration. So war man etwa gezwungen, für die Werbekampagne mit der neuen Konzernmutter abzustimmen, in welcher Form künftig die Produkte angeboten werden sollten. Und es entstand durch den damit auch nach außen sichtbar gemachten Wandel, etwa durch Nutzung des Corporate Designs der neuen Mutter, ein stärkeres Bewusstsein, nun zum großen Chemiekonzern zu gehören.

Trotz all dieser Maßnahmen gab es jedoch immer wieder Phasen der Angst und Verunsicherung in den Teams und bei Einzelnen. Durch die familiäre Unternehmenskultur des Pharmaunternehmens und viele Einzelgespräche der Bereichsleitung mit Mitarbeitern gelang es aber, diese entstehenden Ängste abzumildern und die Kooperation und das Engagement insgesamt aufrechtzuerhalten. Dadurch konnte die Integration letztlich erfolgreich vollzogen werden, wenn sich auch nicht alle Wünsche der Mitarbeiter und des Middle-Managements hinsichtlich einer Laufbahn im Konzern verwirklichen ließen.

3.2.3 Fallstudie: Internationales M&A in der Nuklearindustrie

Thomas Seipolt (CEO, NUKEM Technologies)

Die Überwindung von Schwierigkeiten, die aus unterschiedlichen Unternehmenskulturen resultieren, gehört zu den typischen Herausforderungen von M&As. Schwieriger wiegt dieser Aspekt nochmals bei internationalen M&As, wenn neben der Unternehmenskultur auch Unterschiede in den Landeskulturen bestehen. Ist dann noch eine gewisse M&A-Müdigkeit nach zahlreichen Eigentümerwechseln vorhanden, wird eine Vielzahl an Maßnahmen des Change Managements und ein langer Atem benötigt, um die strategischen Früchte einer Zusammenarbeit ernten zu können.

In dieser geschilderten Situation befindet sich das Unternehmen NUKEM Technologies. NUKEM Technologies ist die Anlagenbausparte, die als eigenständige Gesellschaft aus dem deutschen Nukleartechnologiekonzern NUKEM nach dessen Aufteilung hervorgegangen ist. Das Unternehmen ist Spezialist für die Entwicklung von Lösungen zur Beseitigung nuklearer Abfälle und zum Rückbau nuklearer Anlagen. Schon die einstige Dachgesellschaft NUKEM war bis zu ihrer Aufteilung einer Reihe an Eigentümerwechseln ausgesetzt, wobei die Eigentümer in der Regel namhafte deutsche Konzerne waren. Zusätzlich, auch wegen des Abwendens der deutschen Politik von der Kernkraft, kam es zu einem Schrumpfungsprozess von ca. 2000 Beschäftigten in der gesamten NUKEM-Gruppe auf heute nur noch 130 Mitarbeiter bei NUKEM Technologies. Diese Mitarbeiter sind nicht nur größtenteils hochqualifiziert, sondern viele von ihnen auch schon lange Jahre oder Jahrzehnte an Bord. Die Identifikation mit dem Unternehmen NUKEM, aber auch mit der Aufgabe Rückbau von Nuklearanlagen ist entsprechend groß.

Seit einigen Jahren ist NUKEM Technologies eine Tochtergesellschaft des russischen Staatskonzerns Rosatom. Innerhalb des Konzerns gehörte man zunächst zur Tochtergesellschaft ASE. ASE konnte das Potential der NUKEM Technologies nicht wie geplant nutzen, so dass durch den Eigentümerwechsel zunächst wenig Veränderungen im Alltag der Beschäftigten entstanden. Anders stellt sich die Situation dar, seit konzernintern ein Wechsel zur Rosatom-Tochtergesellschaft TVEL stattfand, die vor allem nukleare Brennelemente produziert. TVEL sieht in NUKEM Technologies einen zwar kleinen, aber strategischen Partner, da globale Potenziale für nukleare Entsorgung und Rückbau ein weiteres attraktives Geschäftsfeld begründen können. Umgekehrt bietet dies NUKEM Technologies die Möglichkeit, von den etablierten globalen Wertschöpfungsketten von TVEL bzw. Rosatom zu profitieren und selbst wieder zu wachsen. Im Energiesektor, vor allem im Projektgeschäft, können bis zur spürbar sichtbaren Nutzung solcher Potenziale aber leicht Jahre, wenn nicht Jahrzehnte vergehen. Nichtsdestotrotz hat sich durch das strategische Potenzial das passive Interesse von ASE in ein aktives von Rosatom-TVEL verändert. Die Organisationsstruktur von NUKEM-Technologies wurde in Form einer Matrix in die von TVEL eingebunden, was zugleich bedeutet, dass die NUKEM-Beschäftigten nun in ihrem operativen täglichen Geschäft mit den russischen Kollegen und Führungskräften zu tun haben. Daraus ergeben sich naturgemäß eine ganze Reihe an Herausforderungen:

- NUKEM Technologies ist gemessen an der Größe von Rosatom, aber auch von TVEL mit seinen 24.000 Mitarbeitern ein sehr kleines Tochterunternehmen. Das führt zur Gefahr, dass spezifische, aber für das Geschäft der NUKEM essentielle Belange zu kurz kommen und die Gesellschaft sich als abhängig von den Entscheidungen der großen Mutter betrachtet.
- Neben Kulturunterschieden zwischen Großkonzernen und eher mittelständischen Einheiten kommt als zusätzliche Herausforderung hinzu, dass sich die Geschäftskulturen in Russland und Deutschland in nicht geringem Maße unterscheiden. Vor allem in einem russischen Staatskonzern erscheint das Einhalten von Regeln und Vorschriften gegenüber einem profitorientierten Denken im Zweifel Priorität zu genießen. Durch diese Unterschiede sind Missverständnisse in Bezug auf Ziele vorprogrammiert, die auch zu gegenseitigem Unverständnis und damit schwelenden Konflikten führen können.

Die so entstehenden Konfliktpotenziale wiegen umso schwerer, als dass die Früchte der Kooperation wegen der langen Dauer von solchen Projekten wohl erst nach einer längeren Zeit sichtbar werden. So wurden zwar positive Zukunftsszenarien und Strategien kommuniziert, vor dem Hintergrund der vielen Eigentümerwechsel in der Vergangenheit und des Schrumpfens des Unternehmens besteht aber die Gefahr, dass der Glaube an eine tatsächliche Wende eher gering ausfällt und die Zukunftsszenarien tendenziell als „Parolen" abgetan werden. Damit würden aber die Herausforderungen im täglichen operativen Geschäft eher als Belastung denn als Chance aufgefasst.

In dieser Situation hat die Führungsebene von NUKEM Technologies eine ganze Reihe an Maßnahmen initiiert, um diesen Gefahren entgegenzuwirken, dabei stehen kommunikative Maßnahmen an oberster Stelle:

- Um die Ziele des Wandels besser zu verdeutlichen, werden regelmäßig Meetings mit der Gesamtbelegschaft, sogenannte Townhall-Meetings (in Präsenz und online) veranstaltet, bei denen das Management über Ziele und Entwicklungen informiert. Dabei kamen wiederholt auch Vertreter der russischen Muttergesellschaft zu Wort.
- Um einen permanent besseren Informationsfluss zu gewährleisten, wurde das Intranet optimiert. Einerseits durch eine bessere Strukturierung und Anreicherung der Inhalte, andererseits aber auch durch die Schaffung von Feedback-Möglichkeiten im Sinne eines Social Intranets. So gibt es etwa eine Plattform mit dem Namen „Ask Management", auf der sich alle Beschäftigten mit Fragen und Anregungen an die Führungskräfte des Unternehmens wenden können.
- Auch die Kommunikation in externen Sozialen Medien wie Facebook, XING oder Kununu wurde verbessert. Dies hat nicht zuletzt auch dazu beigetragen, dass sich das Selbstbewusstsein der Mitarbeiter, Teil von NUKEM zu sein, erhöht hat, wie auch zahlreiche Likes durch die Mitarbeiter selbst zeigen.
- Zum Umgang mit kulturellen Unterschieden und zum Erzeugen eines besseren Verständnisses für die russische Kultur wurden breit angelegte interkulturelle Kommunikationsseminare veranstaltet.

Als förderlich zur Überwindung der interkulturellen Unterschiede hat sich zudem die übergreifende Zusammenarbeit von Fachkräften innerhalb ihrer jeweiligen Profession herausgestellt. So finden etwa deutsche Ingenieure über ihr Fachgebiet schneller eine Brücke zu russischen Ingenieuren und die gemeinsame Identifikation mit dem Ingenieursberuf verbindet über Ländergrenzen und kulturelle Unterschiede hinweg. In einem „integrierten" Vertriebsbereich, bestehend aus jeweiligen spiegelbildlichen Gruppen in Deutschland und Russland, werden Projekte zur Geschäftsentwicklung länderübergreifend bearbeitet. Das gleiche gilt etwa auch für Juristen oder Mitarbeiter im Einkauf und im Finanzbereich.

Erste Erfolge der Maßnahmen zeichnen sich ab. So wird die Zusammenarbeit immer mehr zur Routine und Friktionen entsprechend seltener. Bereits in der Vergangenheit war die Zusammenarbeit mit Partnern im Ausland innerhalb von Projekten an der Tagesordnung, inzwischen wurde diese Kooperation auch mit Kollegen im administrativen Bereich zum Tagesgeschäft. Auch scheint die Wandlungsfähigkeit und Flexibilität des Unternehmens zu wachsen. Dies zeigte sich etwa bei der Einführung einer neuen Software-Plattform. Hier wurden die Beschäftigten aufgefordert, die im System steckenden Möglichkeiten möglichst frei auszuprobieren und Best Practices zu erarbeiten, eine Initiative, welche bisher sehr positiv und aktiv von den Mitarbeitern angenommen wurde. Mitarbeiter werden so insgesamt zunehmend in die Gestaltung von Prozessen eingebunden, bringen dabei ihre Erfahrungen ein und gestalten dadurch die erforderlichen Veränderungen im Unternehmen aktiv mit.

3.2.4 Fallstudie: Internationales Merger in der Luftfahrtbranche

Marcel Carrion (Vorstandsvorsitzender, Carrion Holdings MMXX)

Ein anschauliches Beispiel für die besonderen Herausforderungen im Bereich internationaler M&A bietet die Gategroup Holding AG, ein weltmarktführendes Unternehmen im Bereich Airline Catering, das quasi alle großen Airlines zu seinen Kunden zählt.

Die schweizerische Gategroup, die zuvor selbst einige Wettbewerber, wie etwa die Lufthansa-Tochter LSG Sky Chefs, übernommen hatte, wurde im Jahr 2016 durch das chinesische Unternehmen HNA, bekannt u. a. als Großinvestor bei der Deutschen Bank, übernommen und in der Folge an der Schweizer Börse nicht mehr gelistet. Die Gategroup sollte dabei in die Touristiksparte von HNA integriert werden. Zugleich versprach man sich über Dividendenzahlungen des

Schweizer Unternehmens an die chinesische Mutter, deren Vermögen in Form der chinesischen Währung Renminbi gegen Währungsrisiken abzusichern (sogenanntes Hedging). Ein Anliegen, welches primär von der chinesischen Volkspartei vorgegeben wurde, um die außenpolitische Bedeutung Chinas zu erweitern und zu festigen. Allerdings schlug die Akquisition trotz des klaren strategischen Interesses der chinesischen Käufer fehl und HNA veräußerte die Gategroup im Jahr 2019 unterhalb des Einstandspreises an RRJ Capital, eine chinesische Investmentfirma, und Temasek, den Staatsfonds von Singapur.

Dabei begann der Merger mit großem Optimismus. Der ursprüngliche Zeitplan sah vor, die Gategroup innerhalb von maximal 12 Monaten in den HNA-Konzern zu integrieren. Allerdings gingen HNA nach der Übernahme die liquiden Mittel aus, weshalb ein Börsengang der Gategroup angestrebt wurde, um frisches Kapital zu akquirieren. Dieser Börsengang scheiterte aber, da Großinvestoren nicht bereit waren, sich zu der vorab kommunizierten Preisbandbreite mit Gategroup-Aktien einzudecken. Verantwortlich dafür dürften nicht zuletzt die schon nach außen gedrungenen Probleme bei der Integration von Gategroup in den HNA-Konzern sowie dessen offensichtliche Finanzknappheit gewesen sein. Als das mangelnde Interesse der Großinvestoren dem Vorstand und dem Verwaltungsrat am Wochenende vor dem geplanten Börsengang bekannt wurde, entschied man sich den Börsengang abzusagen, um weiteren Reputationsschaden zu verhindern.

Generell mangelte es dem Management von HNA an Erfahrungen im Bereich Post-Merger-Integration. Und auch die Kenntnisse im Bereich Airline-Catering waren nicht sonderlich ausgeprägt. Auf Seiten von Gategroup wiederum war weder der Belegschaft noch dem im Wesentlichen unverändert gebliebenen Management transparent, welche Ziele HNA mit der Übernahme verfolgte. So kam es zu einer Situation, in der diese drei Gruppen eher gegeneinander arbeiteten. Zielsetzungen, die HNA mit dem Merger verband, wurden aufgrund des nicht vorhandenen Vertrauens gegenüber der Gategroup-Belegschaft und ihrem Management nicht verlautbart. Dies wiederum verstärkte die bei einem M&A ohnehin vorhandenen Unsicherheiten bei der Belegschaft. Massive Widerstände bis hinein in die Ebene des Top-

Managements waren die Folge. Diese äußerten sich nicht nur in offenen Streiks, sondern gingen sogar bis hin zur aktiven, versteckten Sabotage. So wurden grundsätzlich keine Information an HNA gegeben, wenn diese nicht explizit angefordert wurden. Verlangte HNA sensible Informationen, versuchte man zunächst Dokumente vorzulegen, die nicht hilfreich oder schlicht nutzlos waren. Dazu wurde durch den Gategroup-Vorstand sogar eine geheime Liste geführt, welche Informationen von HNA angefordert wurden. Diese Anforderungen liefen dann durch eine Art Entscheidungsfilter des Vorstands mit den Ausprägungen „geben", „nicht geben" oder „verschleiern", um den Informationsfluss an HNA im Sinne des Vorstands zu steuern. So kam es teilweise bewusst zu Falschdarstellungen, etwa über angeblich durchgeführte Verbesserungsprogramme in verschiedenen Unternehmensbereichen – einer der Gründe, warum einige der geplanten Synergieinitiativen nie wirklich gestartet wurden, weil man ja gemäß eigener Angaben vieles angeblich schon durchgeführt hatte. Das Top-Management von Gategroup nutzte die so erzeugte Informationsasymmetrie gegenüber HNA aus, um vor allem eigene Ziele zu verfolgen. Hierbei halfen Klauseln in den eigenen Anstellungsverträgen. Jeder Eigentümerwechsel, also der Verkauf an die HNA, das Delisting an der Schweizer Börse, der gescheiterte Börsengang durch HNA sowie schließlich der Weiterverkauf von Gategroup führte aufgrund einer sogenannten „Change-of-Control-Klausel" in diesen Verträgen des Top-Managements zu erheblichen Bonuszahlungen, so dass das Top-Management an der fortgehenden Malaise des M&A mehrfach verdiente.

3.3   Lessons Learned: Herausforderungen und Lösungsansätze

Wie die Fallstudien in Abschn. 3.2 aufgezeigt haben, zeichnen sich M&As als ein Fall von Unternehmenswandel vor allem durch drei Besonderheiten aus, die den gezielten Einsatz der im Folgenden genannten Erfolgsfaktoren erfordern.

Herausforderungen beim Change Management im Rahmen von M&As

Wandel im Rahmen von M&As hat vor allem mit den folgenden Problemen zu kämpfen:

- Dem Ausmaß der Veränderung, vor allem beim übernommenen Unternehmen, bei dem im Extremfall fast alles Bisherige verändert wird.
- Dem Aufeinandertreffen unterschiedlicher Unternehmenskulturen, die bei internationalen M&A sogar unterschiedlichen Landeskulturen entstammen können.
- Einem wahrgenommenen Machtgefälle zwischen übernehmendem und übernommenem Unternehmen, welches vor allem bei zusätzlich vorhandenen Größenunterschieden problematisch sein kann.

1) *Allumfassende Auswirkung:* M&As besitzen – vor allem für das übernommene Unternehmen (und im Fall einer Fusion für beide) – oftmals eine fast alles verändernde Wirkung, es sei denn, das übernehmende Unternehmen beschließt zunächst wenig in die bisherigen Abläufe einzugreifen und dem übernommenen Unternehmen weitgehende Autonomie zu lassen. Als solchermaßen massiv erlebter Eingriff, der mit von außen auferlegten Änderungen einhergeht, ist die Ausprägung von Reaktanz (Abschn. 1.4.2) hoch wahrscheinlich und Widerstände jeglicher Couleur – offene oder verdeckte – sind zu erwarten.

Zur Abmilderung dieser Reaktanz sind die Erfolgsfaktoren Kommunikation (Abschn. 2.1.4) und Partizipation (Abschn. 2.1.5) von maßgeblicher Bedeutung. Kommunikation, um Ziele eines M&A transparent zu machen und so entstehenden Gerüchten – etwa über einen vermeintlichen Jobabbau oder Standortwechsel – vorzubeugen. Partizipation, um Reaktanz abzumildern und den Betroffenen im übernommenen Unternehmen Mitgestaltungsmöglichkeiten einzuräumen und Hilflosigkeit zu nehmen (Lauer, 2019).

Wahrscheinlichkeit und Ausmaß von Widerständen bei M&A

Widerstände von Seiten des Managements und der Belegschaft übernommener Unternehmen sind umso wahrscheinlicher und massiver:

- Je größer der Kulturunterschied der Unternehmen ist, vor allem bei internationalen M&A
- Je stärker die Unternehmensgröße voneinander abweicht

2) *Zusammentreffen unterschiedlicher Unternehmenskulturen:* Bei jeder Form von M&A treffen unterschiedliche Kulturen aufeinander. Dies ist besonders evident, wenn die beiden Unternehmen aus unterschiedlichen Ländern entstammen (wie in den Fallstudien aus den Abschn. 3.2.3 und Abschn. 3.2.4). Kulturunterschiede bestehen aber auch, wenn Unternehmen unterschiedlich groß sind und eher mittelständische Unternehmen mit eher familiärer Atmosphäre auf Großkonzerne mit bürokratischen Strukturen treffen (wie im Fall von Abschn. 3.2.2). Und selbst dann, wenn Unternehmen nahezu die gleiche Größe haben und der gleichen Branche entspringen, können Kulturunterschiede zu Problemen beim Merger führen (siehe dazu Abschn. 3.2.1). Gerade hier sind die Unterschiede oftmals subtil und treten dann – nicht selten zur Überraschung aller – erst im täglichen Doing auf.

Kulturunterschiede bei M&As erheben den Erfolgsfaktor Integration (Abschn. 2.1.6) zu einem zentralen Faktor. Daneben spielt der Faktor Re-Edukation (Abschn. 2.1.7) im Sinne von gezielten Kulturschulungen und Trainings eine nicht zu unterschätzende Rolle. Zur Integration in Bezug auf Kulturunterschiede ist es wichtig, sich dieser Unterschiede möglichst frühzeitig bewusst zu werden. Nicht bewusste Unterschiede können leicht zu Missverständnissen führen und infolge zu Konflikten zwischen den beteiligten Parteien. Wissen um andere Verhaltensweisen und deren wahre Bedeutung hilft hier vorbeugend, etwa darüber, was in unterschiedlichen Ländern als pünktliches Erscheinen zu einem Meeting gewertet wird. Bei internationalen M&As bietet es sich deshalb an, die Beteiligten vorab über die anderen Landeskulturen zu schulen, wobei diese Schulungen eine Verbindung von Wissensvermittlung und dem praktischen Erlernen von Verhaltensweisen sein sollten (siehe dazu Abschn. 3.2.3). In Bezug auf Landeskulturen gibt es dazu ausreichend Angebote, bei der Wahl des Anbieters sollte man

die in Abschn. 2.1.9 („Auf die sorgfältige Auswahl kommt es an") auf-
geführten Aspekte berücksichtigen. Solche Schulungsangebote stehen
naturgemäß im Hinblick auf die Unterschiede bei Unternehmenskulturen am Markt nicht zur Verfügung. Hier müssen die beteiligten
M&A-Partner selbst aktiv werden. Wichtig ist, sich vor dem M&A
dieser Kulturunterschiede explizit anzunehmen. Dazu kann eine
Kulturanalyse durchgeführt werden. Die Ergebnisse und Erkenntnisse sollten dann in selbst organisierten Schulungen der jeweiligen
Gegenseite bekannt gemacht werden. Nach den erfolgten Schulungen
ist es wichtig, das Zusammenwachsen in der Praxis zu fördern. Dazu
sind gemischte Teams besonders geeignet. Vor allem eine Bildung
von Arbeitsgruppen auf der Ebene einzelner Funktionsbereiche und
Expertisen bietet sich hier an (siehe dazu auch das Fallbeispiel aus
Abschn. 3.2.3). Die Identifikation mit seiner beruflichen Profession als
Jurist oder Ingenieur oder der Aufgabe als Vertriebler kann Gemeinsam-
keiten schaffen, die helfen, sich darüber zu identifizieren und Kulturunterschiede zu überwinden bzw. deren Ausmaß nicht über Gebühr zu
betonen.

> **Unterschätzen von Kulturunterschieden**
>
> Unterschätzen Sie nicht vorhandene Kulturunterschiede bei M&As. Auch
> wenn die Unternehmen dem gleichen Kulturraum und der gleichen
> Branche entstammen, kann es Unterschiede geben, die im täglichen
> Zusammenarbeiten für erhebliche Probleme sorgen.

3) *Auswirkung von Machtgefälle:* M&A gehen zumeist, wenn es
sich nicht um den sehr seltenen Fall einer wirklich völlig gleich-
berechtigten Fusion handelt, mit einem Machtgefälle einher. Das
übernehmende Unternehmen besitzt dabei eine Gestaltungsmacht
gegenüber dem übernommenen. Dies ist dann besonders gravierend,
wenn zusätzlich noch massive Größenunterschiede der Unternehmen vorherrschen (wie etwa im Fallbeispiel von Abschn. 3.2.2).
Dieses Machtgefälle verstärkt die unter Punkt 1 genannte Gefahr
von Reaktanz nochmals. Wegen der bestehenden Machtgefälle wird
dabei die Wahrscheinlichkeit von verdeckten, passiven und eher

non-verbalen Widerständen (Abschn. 1.4.1) erhöht, bis hin zu versteckten Sabotageakten (wie in der Fallstudie aus Abschn. 3.2.4 gesehen), denn ein offener Widerspruch wird wegen der erlebten oder geglaubten „Ohnmacht" unwahrscheinlich.

In dieser Situation sind, wie auch unter Punkt 1 bereits angesprochen, Kommunikation (Abschn. 2.1.4) und Partizipation (Abschn. 2.1.5) wesentliche Erfolgsparameter. Kommunikation ist hierbei vor allem eine Aufgabe, die vonseiten des übernehmenden Unternehmens aktiv und zugleich behutsam angegangen werden sollte. So ist es wichtig, dass hochrangige Vertreter der übernehmenden Gesellschaft vor Ort über Gründe und Ziele der Übernahme berichten und dabei auch möglichst niederschwellige Dialogmöglichkeiten anbieten. Niederschwellige Dialogmöglichkeiten können in Diskussionsständen mit Führungskräften im Anschluss an eine Betriebsversammlung sein (siehe als Beispiel die Fallstudie aus Abschn. 3.2.2) oder aber auch in digitaler Form auf Basis eines Social Intranets angeboten werden (siehe Fallstudie aus Abschn. 3.2.3). Was passiert, wenn eine solche Kommunikation nicht stattfindet und Ziele unklar bleiben, zeigt die Fallstudie des gescheiterten M&A aus der Luftfahrtindustrie (Abschn. 3.2.4). Wichtige Attitüden im Zusammenhang mit Kommunikation sind Offenheit und Wertschätzung. Offenheit heißt, Nachteile, die möglicherweise auf das übernommene Unternehmen zukommen, etwa ein Personalabbau, nicht zu verschweigen, sondern offen zu kommunizieren und zu begründen. Damit wird die Kommunikationshoheit übernommen und Gerüchten, in denen Ausmaß und Gründe in aller Regel negativer ausfallen, vorgebeugt. Ein Unternehmen wird zumeist übernommen, weil man diesem einen besonderen Wert beimisst. Die Kommunikation sollte diesen Wert, z. B. eine überlegene Technologie oder ein gut ausgebautes Vertriebsnetz, besonders herausstellen und Mitarbeitern und Führungskräften des übernommenen Unternehmens die Wertschätzung für diese Leistungen entgegenbringen (und dass man auf diese bauen möchte). Umgekehrt weist das übernehmende Unternehmen vermutlich auch Vorteile gegenüber der bisherigen Situation beim Übernahmekandidat auf. Ein großer Konzern kann zum Beispiel andere Weiterbildungsmöglichkeiten oder andere Sozialleistungen als ein Mittelständler bieten, die nun auch den Mitarbeitern des übernommenen Unternehmens offenstehen. Diese Aspekte sollten ebenfalls aktiv erwähnt werden. Dies verdeutlicht nicht nur Vorteile, die der Einzelne durch die Übernahme hat, sondern ist symbolisch gesehen auch eine Art freundschaftlicher Geste der Aufnahme in den großen neuen Kreis.

Beim Zusammenwachsen der Unternehmen im Anschluss an die Auftaktkommunikation ist es wichtig, bei der Zusammensetzung von Arbeitsgruppen und der Besetzung von Führungsposten behutsam vorzugehen. Eine zu große Mengenungleichheit in Teams sollte, wenn dies irgend möglich ist, vermieden werden. Leitungsposten und Aufgaben sollten zudem konsequent nach Qualifikation und nicht Herkunft besetzt werden (siehe dazu etwa die Fallstudie aus Abschn. 3.2.1). Dies schafft realistische Zukunftsperspektiven auch für die Mitarbeiter des übernommenen Unternehmens und damit eine erhöhte Motivation.

Erfolgsfaktoren des Change Managements bei M&As

Integration, Kommunikation und Partizipation sind die maßgeblichen Erfolgsfaktoren bei M&As, vor allem um Widerstände bei den übernommenen Unternehmen kleinzuhalten und die Zusammenarbeit zu fördern.

Integration sorgt dafür, dass Mitglieder, die unterschiedlichen Unternehmenskulturen entstammen, zusammenwachsen.

Kommunikation ist wichtig, um über Ziele und Hintergründe sowie geplante Maßnahmen im Rahmen des M&A zu informieren und so Gerüchten vorzubeugen.

Partizipation überwindet die Gefahr von Reaktanz, als möglicher Folge einer erlebten Ohnmacht gegenüber den vom übernehmenden Unternehmen geplanten Veränderungen.

Ihr Transfer in die Praxis

- Machen Sie sich bewusst, dass M&A grundsätzlich eine erhebliche Veränderung, vor allem für das übernommene Unternehmen bedeuten.
- Versuchen Sie, sich mögliche Probleme, die aus Kultur- oder Größenunterschieden resultieren, vorab zu vergegenwärtigen.
- Nehmen Sie Mitarbeitern der übernommenen Unternehmen Ängste durch eine proaktive Kommunikation der Ziele und die aktive Einbeziehung beim Zusammenwachsen der Organisationen.

Literatur

Bühler, M., & Klose, N. (2017). Mehr als nur Zahlen. Warum M&A-Transaktionen scheitern und wie ein ganzheitliches Controlling zum Gelingen beitragen kann. In W. Funk & J. Rossmanith (Hrsg.), *Internationale Rechnungslegung und Internationales Controlling* (S. 445–467). Springer Gabler.

Fischer, T. M., & Rademacher, M. (23. Sept. 2013). Controlling von M&A-Projekten – Konzeption und empirische Befunde in deutschen börsennotierten Unternehmen. *DER BETRIEB, 13,* 645–655.

Grosse-Hornke, S., & Gurk, S. (2009). Erfolgsfaktor Unternehmenskultur bei Mergers & Acquisitions. *Finanzbetrieb, 2*(2009), 100–104.

IMAA Institut. (2021). https://imaa-institute.org/mergers-acquisitions-germany/. Zugegriffen: 25. Feb. 2021.

Jansen, S. A. (2016). *Mergers & Acquisitions (6. Aufl.).* Springer Gabler.

Lauer, T. (2019). *Change management. Grundlagen und Erfolgsfaktoren* (3. Aufl.). Springer Gaber.

Mercer Bing, C., & Wingrove, C. (2012). Mergers and acquisitions: Increasing the speed of change. *Employment Relations Today, 2012,* 43–50.

Weinert, S. (2008). Mergers & acquisitions. Change management als Erfolgsfaktor. In D. Fink (Hrsg.), *Consulting Kompendium* (S. 94–97). FAZ-Institut.

4

Wandel als Folge von Digitalisierung
Fallstudien zu Digitalisierungsvorhaben und was sie uns lehren!

Thomas Lauer, Michael Teubenbacher, Christopher Fath, Yener Caliskan, Holger Trautmann

„Alles was digitalisiert werden kann, wird digitalisiert. "

Carly Fiorina (ehem. CEO von Hewlett-Packard)

Was Sie aus diesem Kapitel mitnehmen

* Aktuelle Praxiseinblicke zum Management von Wandel durch Digitalisierung in Unternehmen.
* Was typische Formen von Digitalisierung sind und welche Herausforderungen diese mit sich bringen.
* Was in der Praxis geholfen hat, Widerstände gegen neue digitale Systeme abzumildern.
* Was in der Praxis geholfen hat, eine aktive Nutzung neuer digitaler Plattformen zu initiieren.

Digitalisierung ist sicherlich der Wandelanlass, der die nächsten Jahre und Jahrzehnte in ganz besonderem Maße beherrschen wird. Insofern

© Der/die Autor(en), exklusiv lizenziert durch Springer-Verlag GmbH, DE, ein Teil von Springer Nature 2021
T. Lauer, *Quick Guide Change Management für alle Fälle,* Quick Guide,
https://doi.org/10.1007/978-3-662-64237-5_4

bieten die hier vorgestellten Fallstudien nur einen kleinen Ausblick auf das, was kommen wird. Vor dem Hintergrund der Erwartung immer umfassenderer Digitalisierungsvorhaben bedeutet dies, dass sich die genannten Herausforderungen in der Praxis eher noch potenzieren werden und die konsequente Befolgung der hier unterbreiteten Lösungsvorschläge und Erfolgsfaktoren deshalb besonders wichtig ist.

4.1 Formen und Bedeutung von Digitalisierung

Grundsätzlich beschreibt Digitalisierung „… den mathematischen Prozess der Umwandlung von Informationen, die in Form physischer Repräsentationsformen von realen Objekten vorliegen, in ein digitales und computerlesbares Format, wodurch digitale Informationsübertragung ermöglicht wird." (Reinhardt, 2020) Im Folgenden soll unter dem Begriff Digitalisierung vor allem die Auswirkung dieser Umwandlung realer Objekte in digitale Formate für Unternehmen und Organisationen betrachtet werden. Dies betrifft allgemein die intelligente Automatisierung durch Vernetzung von Personen, Dingen und Maschinen auf Basis von Informations- und Kommunikationstechnologien, die bis hin zu gänzlich neuen Geschäftsmodellen oder dem komplett digitalen Unternehmen, etwa im Sinne von Industrie 4.0, führt (Schallmo et al., 2018).

Ein paar Zahlen sollen belegen, wie sehr Digitalisierung schon die vergangenen zwei Jahrzehnte verändert hat.

- Schätzungen zufolge waren 2011 bereits rund 95 % der weltweiten Informationskapazität digital, nach lediglich 3 % im Jahr 1993 (Schallmo et al., 2018). Das bedeutet, dass das Wissen der ganzen Welt heutigentags zu einem ganz großen Anteil und für jedermann über das Internet zugänglich ist.
- Offensichtlich wird die Bedeutung der Digitalisierung auch, wenn man sich die Statistik der weltweit wertvollsten Unternehmen gemessen am Börsenwert anschaut. Mit Ausnahme des Ölgiganten Exxon Mobil finden sich hier ausschließlich Unternehmen des

digitalen Zeitalters, ganz vorne Apple und die Google-Mutter Alphabet (Harteis, 2017).

Aktuelle Trends der Digitalisierung, die die kommenden Jahre in ganz besonderem Maße beeinflussen werden, sind z. B. Augmented Virtual Reality, 3D- und 4D-Printing, Big Data Analytics, Internet of Things, Blockchain oder Künstliche Intelligenz (Schallmo et al., 2018). Digitalisierung kann sich auf die marktbezogenen Leistungen des Unternehmens beziehen, z. B. die Einführung eines digitalen Geschäftsmodells oder eines smarten Produktes, oder aber auf die internen Strukturen, bei denen Prozesse zunehmend digitalisiert werden (Reinhardt, 2020). Beide Aspekte lassen sich letztlich nicht wirklich voneinander trennen, denn die Einführung eines stärker digitalisierten Geschäftsmodells zieht letztlich eine Reihe von internen Prozessen nach sich, die ebenfalls digitalisiert werden müssen. Für das Change Management wesentlicher ist das Ausmaß der Digitalisierung, das zugleich das Ausmaß der Veränderung und damit auch der möglichen Widerstände angibt. Das Digitalisierungsausmaß kann mit einem Kontinuum beschrieben werden, beginnend mit der Einführung partieller Systeme (etwa einer digitalen Reisekostenabrechnung) über die Einführung vernetzter, unternehmensumfassender Systeme (etwa von ERP-Systemen wie SAP oder Kollaborationsplattformen wie Slack oder Yammer) bis hin zur vollständigen Digitalisierung des Geschäftsmodells (etwa dem Ersetzen physischer Produkte und/oder Vertriebskanäle durch digitale).

Die Auswirkungen von Digitalisierung auf die Volkswirtschaft, einzelne Unternehmen und vor allem das betroffene Personal sind erheblich. So wird sich zwar das Gesamtniveau der Beschäftigten laut einer Studie des Instituts für Arbeitsmarkt- und Berufsforschung (IAB) und des Bundesinstituts für Berufsbildung (BIBB) durch Digitalisierung in Deutschland zahlenmäßig kaum verändern, jedoch ist Arbeitsplatzabbau in einzelnen Branchen zu erwarten (Wolter et al., 2019). Dies betrifft vor allem das verarbeitende Gewerbe, wohingegen die IT und Kommunikationsbranche fast in gleichem Ausmaß Stellen hinzugewinnen. Selbst wenn nicht der Verlust des Arbeitsplatzes droht, so verändert Digitalisierung zumindest doch dessen Aussehen erheblich. Dabei werden nicht nur Routineaufgaben komplett von Informations- und Automatisierungstechnologie übernommen, sondern zunehmend auch anspruchsvollere Tätigkeiten, die etwa analytische Intelligenz erfordern (Lichtblau et al., 2018). Hier wird der Mensch zum Assistenten der Technologie, indem er deren Funktionieren überwacht – etwa im Rahmen einer automatisierten Produktion – oder die Technologie zum Assistenten des Menschen, indem sie ihn bei analytisch-konzeptionellen Aufgaben unterstützt – etwa durch künstliche Intelligenz oder Big Data Analytics. Durch die digitale Übernahme von Routineaufgaben verlagert sich das Kompetenzprofil der Arbeit zunehmend von Tätigkeiten, die körperliche Kompetenzen oder simples Prozesswissen verlangen, hin zu solchen, die persönliche (etwa Kreativität) und soziale Kompetenzen erfordern (etwa die Führung von Gruppen) und die so (noch?) nicht von Maschinen übernommen werden können (Bartscher & Nissen, 2019). Dieser letzte Aspekt besitzt auch positive Seiten, denn ihm wohnt das Potenzial inne, einen Arbeitsplatz auch weniger monoton und erfüllender zu gestalten (Lauer, o.J.). Andererseits werden durch diese kaum noch Routineaufgaben umfassenden Tätigkeiten permanente Anforderungen an die Persönlichkeit gestellt und eine lebenslange Lern- und Anpassungsfähigkeit gefordert (Pietsch & Kettner, 2016). Damit nehmen auch psychische Belastungen zu, die bis zum Burn Out führen können, wie aktuelle Statistiken eindrücklich zeigen. So stellen laut Gesundheitsreport der Techniker Krankenkasse psychische Erkrankungen mittlerweile die Diagnosegruppe mit den meisten verursachten Ausfalltagen von Berufstätigen dar (Grobe et al., 2018). Bei dieser Entwicklung sollte auch bedacht werden, dass eine Digitalisierung des Arbeitsplatzes dazu führen kann, dass auch als positiv erlebte Aspekte der Arbeit verlorengehen. Dies kann etwa solche Aspekte umfassen, die für Betroffene identitätsstiftend waren – etwa der physische Kontakt mit einer Maschine – oder in denen sich ein Mitarbeiter als besonders kompetent erlebte – etwa in Form handwerklichen Geschicks (Harteis, 2017). All dies zeigt auf, dass bei der Digitalisierung Widerstände durch die Belegschaft, aber auch Führungskräfte des mittleren und unteren Managements eher eine normale Begleiterscheinung des Wandels sind und ein bewusstes Change Management umso dringlicher geboten erscheint.

4.2 Fallstudien zur Digitalisierung

Die folgenden Fallstudien thematisieren in erster Linie die Herausforderungen, die eine Re-Organisation im Rahmen der Einführung neuer digitaler Systeme mit sich bringt. Dabei sind die Fallstudien in der Reihenfolge so angeordnet, dass die Auswirkungen für die Organisationsmitglieder im Sinne einer erforderlichen Veränderung ihres Verhaltens bzw. ihres Arbeitsalltags in aufsteigender Reihenfolge zunehmen. Im Einzelnen werden dabei folgende Themen tangiert:

- Einführung eines einheitlichen ERP-Systems an verschiedenen Standorten (Abschn. 4.2.1).
- Ablösung von papiergestützter Arbeit durch eine digitale Anwendung (Abschn. 4.2.2).
- Verlagerung wesentlicher Bestandteile des Vertriebsprozesses auf den Online-Kanal (Abschn. 4.2.3).

4.2.1 Fallstudie: SAP-Einführung in der After-Sales-Teilelogistik

Michael Teubenbacher (Partner, CPC AG)

Typische Herausforderungen von Digitalisierungsprojekten und einen vorbildlichen Umgang damit verdeutlicht das folgende Fallbeispiel zur After-Sales-Teilelogistik eines großen deutschen Automobilherstellers im chinesischen Markt.

Um im stark wachsenden chinesischen Markt auch künftig adäquaten After-Sales-Service bieten zu können, wurden nicht nur neue Logistikcenter aufgebaut, sondern diese auch stärker untereinander und mit den anderen Funktionsbereichen des Unternehmens vernetzt. Letzteres vor allem, um eine möglichst effiziente Supply Chain zu gewährleisten. Digital sollten die neuen Prozesse durch die flächendeckende Einführung von SAP als Enterprise Resource Planning System (ERP) unterstützt werden. Die einzelnen Logistikcenter hatten dabei bereits Softwarelösungen im Einsatz, jedoch weitgehend als Insellösungen am jeweiligen Standort.

Mit dem neuen System gingen eine Reihe von Veränderungen der Prozesse und damit auch der täglichen Arbeitsroutinen der ca. 800 Mitarbeiter einher. Dies betraf nicht nur die Angestellten in der Verwaltung, sondern auch Blue-Collar-Worker an einer Vielzahl von Standorten, die nun etwa lernen mussten, Waren konsequent und verlässlich mit dem Scanner zu kommissionieren. Andere Herausforderungen ergaben sich im Datenmanagement, da die in das neue System zu transferierenden Stammdaten nicht konsequent sauber gepflegt waren. So herrschte bei den Betroffenen zunächst eine eher ablehnende Haltung gegenüber dem Wandel vor, die sich nicht offen, sondern eher in passiven Widerständen manifestierte. Diese latente Unzufriedenheit mit dem neuen System äußerte sich etwa in Form im wieder auftretender Wünsche nach zusätzlichen funktionalen Anforderungen sowie einer fehlenden Bereitschaft zur konstruktiven Problemlösung. Darüber hinaus kamen im mittleren Management auch (unbegründete) Gerüchte auf, man würde zusätzliches Personal benötigen, um das System künftig bedienen zu können, wobei an sich systembedingt eine größere Effizienz erwartet wurde. Dass die Widerstände nicht stärker wurden und die Einführung letztlich schneller vonstattenging als geplant, war einem vorausschauenden Management des Wandels zu verdanken.

Angst bei Digitalisierungsprojekten beruht zumeist auf Unwissenheit über das, was kommt und die darauf fußende Furcht vor persönlicher Überforderung und dem Verlust der persönlichen Wirksamkeit. Dementsprechend wurden in dem Projekt präventiv eine Reihe an Maßnahmen getroffen, um diese möglichen Quellen von Widerständen proaktiv abzumildern:

- In einem ersten Schritt wurde die Zielsetzung des Projektes zeitlich gesplittet. Um die Furcht vor operativen Problemen in der Abwicklung von Aufträgen in der Übergangzeit zu nehmen, wurde als kurzfristiges Ziel die Erhaltung stabiler Prozesse definiert. Erst im zweiten Schritt sollte dann eine Effizienzsteigerung durch das neue System realisiert werden. Darüber hinaus vereinbarte man, den Roll-Out schrittweise Standort für Standort durchzuführen, um so aus den Erfahrungen der Pilotstandorte zu lernen. Um das Risiko operativer Probleme weiter abzufedern, wurden zudem vor jedem Go-Live-Betrieb umfangreiche Prozesssimulationen eines kompletten Arbeitstages auf allen Ebenen durchgeführt. Als letztes Instrument der Sicherung wurde eine sogenannte Hyper-Care-Phase definiert, die für die ersten sechs Wochen des Livebetriebs einen verstärkten Support garantierte.

- Zur Sicherung des Commitments seitens des Middle-Managements wurden monatlich Workshops zwischen dem Upper- und Middle-Management abgehalten, die dem gegenseitigen Informationsaustausch zu Zielsetzungen und Fortschritt des Projekts (Top-Down) und Herausforderungen bei der Umsetzung (Bottom-Up) dienten.
- Schließlich wurde die Belegschaft intensiv geschult. Dabei kam ein Train-the-Trainer-Konzept zur Anwendung. Geeignete Mitarbeiter oder Angehörige des mittleren Managements wurden als Trainer und somit Change Agenten ausgebildet, die das Wissen wiederum an die Mitarbeiter in den einzelnen Bereichen weitertrugen. Diese Change Agenten empfanden ihre Auswahl und Ausbildung als Anerkennung ihrer Person, identifizierten sich entsprechend mit der Aufgabe und agierten somit auch als positive Werbeträger für das Projekt. Darüber hinaus konnten sie aufgrund ihres operativen Hintergrunds die Schulungsinhalte in der „Sprache" der Fachabteilungen und somit wesentlich effektiver als ein externer Trainer vermitteln.

All diese Maßnahmen führten nicht nur zu einer deutlichen Verringerung der Widerstände, auch die ursprünglich definierten Zeiträume konnten erheblich verkürzt werden. So konnte die Hyper-Care-Phase schon nach zwei Wochen beendet werden und der gesamte Roll-Out dauerte nur 1,5 statt der anvisierten 3 Jahre.

4.2.2 Fallstudie: Einführung eines digitalen Beanstandungsmanagementsystems

Christopher Fath und Yener Caliskan (Unternehmensorganisation und Entwicklung, Dreßler Bau)

Probleme bei der Einführung einer neuen Software müssen nicht direkt zum Scheitern eines solchen Projektes führen. Vielmehr kann man aus den zunächst negativen Erfahrungen auch lernen und in einem neuen Anlauf ein solches Projekt schließlich zum Erfolg führen. Diese Erkenntnis lässt sich aus einem Software-Projekt ziehen, welches beim Bauunternehmen Dreßler Bau GmbH realisiert wurde.

Dreßler Bau ist eine mittelständische, stetig wachsende Baugesellschaft mit circa 550 Mitarbeitern. Eine wichtige Aufgabe der Bauleiter und Poliere des Unternehmens ist die Qualitätskontrolle. Um eine hohe Qualität sicherzustellen, prüfen Bauleitung und Baustellenteam während der Bauphase, insbesondere aber bei Zwischenabnahmen und Abnahmen regelmäßig die Qualität der von Dreßler Bau oder seinen Nachunternehmern ausgeführten Leistungen. Da an großen Bauprojekten in der Regel eine ganze Reihe an Nachunternehmern für die einzelnen Gewerke mitwirken, kommt es vor allem auf einen reibungslosen und zuverlässigen Prozess in der Zusammenarbeit mit diesen Auftragnehmern an, um Kunden termingerecht zufriedenzustellen. Als mittelständisches Unternehmen wurden diese Prozesse bei Dreßler Bau lange Zeit mit einer Kombination von MS-Excel, MS-Word und dem Telefon erledigt. Dabei sind an diesen Prozessen firmenintern in der Regel die Bauleitung vor Ort und im Back-Office Sekretariate sowie die Verwaltung beteiligt.

Das steigende Projektvolumen des Unternehmens war Auslöser, diese „Paper & Pencil-Prozesse" durch eine spezifische Softwareanwendung abzulösen. Dabei wurde ein laufendes Großprojekt als Startpunkt der Einführung ausgewählt, da man sich vor allem durch das große Projektvolumen signifikante Effizienzvorteile mithilfe der Software versprach. Allerdings erwies sich der erste Versuch der Einführung als wenig erfolgreich. Das Großprojekt selber stand unter einem hohen Zeit- und Erfolgsdruck, hinzu kamen eine Reihe nicht erwarteter Schwierigkeiten während der Bauphase. Für die Bauleitung, die das neue System nutzen sollte, war die Einarbeitung in die Software eine Zusatzbelastung, die angesichts des Erfolgsdrucks und bautechnischer Herausforderungen des Bauvorhabens folglich geringere Priorität genoss. Erschwerend kam hinzu, dass die neue Software und die dazu notwendigen neuen Prozesse nicht gleich zu Projektstart eingeführt wurden, sondern erst zur Abnahmephase. Notwendige Dokumentationen waren bis dahin aber bereits in Form von Excel-Tabellen angelegt worden, die nun in die Software migriert werden mussten, ein immenser Zusatzaufwand. Als Folge dessen war die Einführung nicht erfolgreich umzusetzen und auch der Wille der Projektbeteiligten, die bewährten Prozesse und Tools zu ändern, entsprechend gering.

Dreßler Bau ließ sich aber von diesem ersten Misserfolg nicht entmutigen, da man nach wie vor vom Effizienzpotenzial des neuen Systems überzeugt war und auch die Verantwortlichen im Bereich Bauleitung grundsätzlich einen Sinn darin sahen. Deshalb analysierte man die Gründe des Scheiterns und starte einen zweiten Versuch. Dieses Mal wählte man bewusst kleinere Bauprojekte mit weniger Zeitdruck für die Pilotierung aus, um den Projektverantwortlichen die Möglichkeit zu geben, sich in das neue System einzuarbeiten. Die an der Pilotierung teilnehmenden Bauleiter und Bauleiterinnen wurden dabei vorab von der Organisationsabteilung über die Vor-, aber auch mögliche Nachteile des Systems informiert. Im Gegensatz zum ersten Versuch wurde nun die Einführung mit projektspezifischen Schulungen begleitet, welche auf die Bedürfnisse der Schulungsempfänger abgestimmt waren. Beim ersten Einführungsversuch hatte man hingegen auf die vom Softwareanbieter offerierten Standardschulungen gesetzt. Nun wurden die Schulungen im Gegensatz dazu so gestaltet, dass es zunächst ein Training in den Büroräumen gab und man anschließend die Bauleitung vor Ort begleitete, um die Anwendung in der Praxis zu üben. Bei diesen Vor-Ort-Trainings konnten aber nicht nur die Verantwortlichen für die Bauleitung die richtige Systemanwendung lernen, vielmehr entstand auch ein besseres Verständnis der Organisationsabteilung für die besonderen Herausforderungen. Zwei Aspekte stellten sich dabei als wesentlich heraus:

- Neben der Bauleitung sind Sekretariate und Verwaltung wesentliche Bestandteile in der Abwicklung der Bearbeitung von Baumängeln. Die Kommunikation zwischen ihnen und der Bauleitung sollte möglichst reibungslos und einfach verlaufen.
- Die Weiterbearbeitung von Baumängeln erfolgt in einem bereits eingeführten Workflow-Management-System. Erzeugte Dokumente,

wie etwa Briefe an Nachunternehmer, müssen zudem in einem Dokumenten-Managementsystem verwaltet werden. Hier waren aber keine Schnittstellen vorhanden, sodass eine manuelle Einpflege von Daten aus dem Mängelbearbeitungssystem in die anderen Systeme zu Mehraufwand in den Sekretariaten und der Verwaltung führte.

Als Konsequenz aus diesen Erkenntnissen wurden Schnittstellen zwischen den Systemen erstellt. Auf der Baustelle durch die Projektverantwortlichen aufgenommene Informationen wurden so automatisch in den Folgesystemen abgebildet und erleichterten die Arbeit der Sekretariate und der Verwaltung signifikant. Die Sekretariate wurden dadurch zu einer Art Change Agents, da diese die Bauleitung nun dazu ermutigten, das neue System zu nutzen, statt mit Excel, Word und Telefon zu arbeiten. Und auch für die Bauleitung selbst wurde dadurch die Attraktivität gesteigert, denn durch die drastisch verkürzten Durchlaufzeiten in der Verwaltung resultierten weitaus schnellere Reaktionszeiten der Nachunternehmer, gerade im Massengeschäft von Bau-Abnahmen. Damit die Systemanwender sich untereinander zu Best Practices austauschen konnten, wurde zudem eine eigene Rubrik im Firmen-Wiki angelegt und ein ein- bis zweimal jährlich stattfindendes Anwendertreffen der Key-User eingerichtet. Durch diese Maßnahmen kam es zu einem regen Austausch von Tipps und Tricks im Hinblick auf das neue System.

Nach diesem zweiten Anlauf und den erfolgten Nachjustierungen hat sich das System mittlerweile als Standard etabliert und ist nach anfänglicher Skepsis der Beteiligten kaum mehr wegzudenken. Zudem wird der Prozess weiterhin kontinuierlich im Austausch mit den Anwendern optimiert. So wird aktuell die Implementierung einer qualifizierten elektronischen Signatur in den Workflow umgesetzt.

4.2.3 Fallstudie: Einführung einer digitalen Vertriebsplattform

Holger Trautmann (Geschäftsführer, Blue Ocean Strategy Partners)

Die folgende Fallstudie verdeutlicht, dass sich mit einem proaktiven Change Management Widerstände gegen Digitalisierungsvorhaben gut handhaben lassen, selbst wenn auf den ersten Blick vermeintliche Nachteile für die Belegschaft drohen.

Die Bankenwelt gehört zu den Branchen, bei denen der Anpassungsdruck durch Digitalisierung besonders hoch ist, nicht zuletzt durch die aufkommende Konkurrenz von internetbasierten Start-ups, sogenannten FinTechs, die Teile des klassischen Bankgeschäfts mit intelligenten und automatisierten Lösungen ersetzen. In Zeiten extremer Niedrigzinsen stellt die Baufinanzierung nicht nur einen Wachstumsmarkt dar, sondern ist zugleich auch einer der verbliebenen Bereiche, in denen sich vor allem im Privatkundengeschäft Gewinne erzielen lassen. Vor diesem Hintergrund entschlossen sich die psd-Banken im Jahr 2019, ihren Kunden künftig ein internetbasiertes Tool zur Baufinanzierung zur Verfügung zu stellen, welches online den kompletten Prozess von der Erst-Information, über die Antragstellung bis hin zum Abschluss ermöglicht. Dies war nicht zuletzt als strategische Antwort auf den Boom von Vergleichsportalen, wie etwa Check24, gedacht, bei denen die Banken zunehmend den direkten Kontakt zu den Kunden verlieren und nur noch reine Abwickler von Kreditgeschäften sind.

Die psd-Banken sind ein Verbund genossenschaftlich organisierter, regional agierender und jeweils rechtlich selbstständiger Retail-Banken, die sich auch in Größe und Organisationsstruktur unterscheiden. Zur Umsetzung des Vorhabens einer digitalen Baufinanzierung wurde für die gesamte psd-Gruppe die Expertise einer Strategieberatung und eines Softwareunternehmens in Anspruch genommen. Schon in der Design- und Konzeptionsphase des Projektes stellte sich heraus, dass eine technische Lösung und die Definition geeigneter Prozesse allein nicht ausreichen würden, um das Projekt zu einem Erfolg zu machen. Vielmehr zeigten sich Widerstände, vor allem aus den Reihen der Baufinanzierungsberater, die das System als ersten Schritt ansahen, ihre eigenen Jobs künftig wegzurationalisieren. Vorbehalte gab es auch gegen die Einführung eines zusätzlichen EDV-Systems, was aus Sicht der Betroffenen zu Mehrarbeit bei der Datenpflege führen würde. Als weitere Herausforderung stellte sich die generelle Organisation der psd-Banken als Gruppe heraus. Da diese ein loser Verbund rechtlich unabhängiger Institute sind, waren Ressourcen, Kompetenzen und auch die Prioritäten in Bezug auf die Einführung eines solchen Systems durchaus heterogen. In der verantwortlichen Projektgruppe wuchs deshalb die Einsicht, dass die Implementierung mit einem vorausschauenden Change Management begleitet werden sollte. Dazu wurde eine ganze Reihe an Maßnahmen definiert:

- Damit eine zielgerichtete Implementierung gewährleistet war, wurde in jedem der psd-Institute ein Projekt-Owner benannt, dem die Gesamtverantwortung über alle Funktionsbereiche hinweg übertragen wurde. Sofern ein solcher Bereich vorhanden war, wurde die Ownership bevorzugt an die Organisationseinheit Innovationsmanagement und Digitalisierung übertragen.
- Um die Dringlichkeit des Projektes zu verdeutlichen, wurden die Bankvorstände angehalten, den Hintergrund des Projektes, vor allem die Bedrohung durch vorhandene digitale Konkurrenzangebote, wie etwa Vergleichsportale, zu verdeutlichen. Dazu wurden in Gremiensitzungen und eigens anberaumten Terminen entsprechende Präsentationen durch das Management gehalten. Wichtig war in diesem Zusammenhang die Information, dass Sales-Leads, die mithilfe des Systems generiert werden, ab einem gewissen Zeitpunkt persönlich von den Baufinanzierungsberatern angesprochen und weiterbearbeitet werden sollten und somit als persönliche Abschlüsse gelten. Damit wurde klargestellt, dass das System nicht in Konkurrenz zu den Beratern stehen sollte, sondern deren Arbeit unterstützt.
- Mit den betroffenen Mitarbeitern im Bereich Baufinanzierung wurden sodann Workshops veranstaltet. Bei diesen Workshops wurde anhand des Systems eine Customer Journey von der Erst-Information bis hin zum Abschluss simuliert. Die Berater konnten sich dabei von der Funktionalität und Nutzerfreundlichkeit des Systems überzeugen, aber auch kritische Fragen stellen und

Bedenken äußern. Diese Fragen und Bedenken wurden aufgegriffen und das System und die definierten Prozesse an einigen Stellen gezielt nachreguliert. Wichtig war dabei vor allem aufzuzeigen, dass eine doppelte Datenpflege, im neuen und parallel weiterbestehenden CRM-Tool, nicht erforderlich war und Daten vielmehr automatisch übernommen werden. Zudem konnten sich die Baufinanzierungs-berater überzeugen, dass sie durch das System höher qualifizierte Sales-Leads bekommen, da die Interessenten bereits eine ganze Reihe an Daten zu ihrem jeweiligen Finanzierungsvorhaben in das System einpflegen.

- Um den Umgang mit dem System selbst zu üben als auch die erfolgs-versprechende persönliche Ansprache von den über das System generierten Leads, wurden im nächsten Schritt Trainings durch-geführt. Dabei wurde der Umgang mit dem neuen System eingeübt, Kundengespräche in Form von Rollenspielen simuliert oder auch konkrete Hilfen zur Formulierung von Anschreiben an Interessenten gegeben.

Herausfordernd blieb weiterhin die heterogene Struktur der unabhängigen psd-Institute. In einigen Regionen erwiesen sich die Banken als ausgesprochen offen für das neue System, in anderen fehlte es an Ressourcen und einschlägigen Kompetenzen, was die Einführung zunächst verzögerte. Um hier einen größeren Einklang zu schaffen, wurde ein regelmäßiger Erfahrungsaustausch der verantwortlichen Führungskräfte der psd-Banken initiiert. Hier konnten vor allem die weiter fortgeschrittenen Institute zeigen, wie sie das System bereits in ihre Prozesse integriert haben, was Best Practices dazu sind und dass die Einführung signifikante vertriebliche Erfolge ermöglicht. Mit dieser Maßnahme konnte erreicht werden, dass trotz der heterogenen Strukturen zwei Jahre nach Start des Projektes das System in allen psd-Banken erfolgreich implementiert war.

4.3   Lessons Learned: Herausforderungen und Lösungsansätze

Wie die Fallstudien in Abschn. 4.2 aufgezeigt haben, sind es vor allem zwei Herausforderungen, die Wandel im Rahmen von Digitalisierung begleiten: die Angst vor Job- oder Bedeutungsverlust und die Angst vor Überforderung. Diese Herausforderungen beruhen vor allem auf dem Umstand, dass die technische Implementierung neuer Systeme allein kaum ausreicht. Vielmehr ist die Akzeptanz durch die Nutzer und auch darüber hinaus Betroffenen von entscheidender Bedeutung. Dieser Akzeptanz stehen aber – offene oder versteckte – Ängste entgegen, die zu Widerständen bei der Einführung führen können.

> **Herausforderungen beim Change Management im Rahmen von Digitalisierung**
>
> Digitalisierung schürt vor allem folgende Ängste bei den Betroffenen:
>
> - Angst vor Jobverlust oder allgemein Bedeutungsverlust.
> - Angst vor Überforderung, das heißt, der neuen Technologie und ihrer Anwendung oder den damit einhergehenden geänderten Prozessen nicht gewachsen zu sein.

Im Einzelnen ist zu den beiden Herausforderungen und den Möglichkeiten, ihnen konstruktiv zu begegnen, Folgendes zu sagen:

1) *Angst vor Job- oder Bedeutungsverlust:* Digitale Technik ersetzt in aller Regel Prozesse, die vorher von Menschen durchgeführt wurden. Nachdem jahrzehntelang Technik vor allem in der Produktion manuelle Tätigkeiten ersetzt hat, ist mittlerweile die Administration von Unternehmen stärker betroffen und mit dem Einsatz Künstlicher Intelligenz sind zunehmend auch stärker qualifizierte Tätigkeiten in den Fokus gerückt. Insofern liegt es auf der Hand, dass Digitalisierung von solchen Tätigkeiten zu Befürchtungen führt, diese könne kurz- oder zumindest mittelfristig einen Jobabbau nach sich ziehen. Die Fallstudie zum Online-Vertriebs-Portal der psd-

Bank und der ausgelösten Angst bei den bisherigen Kundenberatern (Abschn. 4.2.3) ist hier ein typisches Beispiel. In der Realität ist Jobabbau als Folge von Digitalisierungsalternativen natürlich durchaus anzutreffen und nicht immer, wie im Beispiel der psd-Banken, eine unbegründete Befürchtung. In einem solchen Fall wird ein noch so gutes Change Management Widerstände nicht verhindern können. Nicht selten ist es aber so, dass durch die Digitalisierung Jobs nicht verschwinden, aber durchaus verändern und die Technik dabei die Tätigkeiten übernimmt, die eher Routinecharakter haben oder gar als weniger angenehm empfunden werden (Lauer, o.J.). In diesen Fällen sind Kommunikation (Kap. 2.1.4) und Partizipation (Kap. 2.1.5) ganz wesentliche Erfolgsfaktoren des Change Managements. In der Kommunikation kommt es dabei vor allem auf die Rechtzeitigkeit und die Offenheit an (Lauer, 2019). Den Betroffenen sollte zunächst aufgezeigt werden, dass eine Digitalisierung des entsprechenden Bereichs unumgänglich ist bzw. was die Gründe dafür sind. Diese können in existentiellen Problemen bei Nicht-Digitalisierung und/oder der Nutzung neuer Potenziale durch Digitalisierung liegen. Beides ist letztlich im Interesse der gesamten Organisation. Wichtig ist aber, zugleich offen über mögliche Befürchtungen wie Job- und Bedeutungsverlust zu sprechen. Hierbei bietet sich die Kombination von kommunikativen und partizipativen Maßnahmen an. Die künftigen Nutzer des Systems sollten die Möglichkeit haben, dessen konkreten Einsatz und die darum zu errichtenden Prozesse mitzugestalten. Das nimmt das Gefühl von Ohnmacht, baut Misstrauen ab und bringt zudem wertvolles Basiswissen in die Gestaltung der Prozesse mit ein. Auch hier sei auf das Beispiel der psd-Banken verwiesen (Abschn. 4.2.3), wo in Workshops der Einbindung der neuen Online-Plattform in die Tätigkeiten der Kundenberater Misstrauen gegenüber dem System abgebaut wurde und zugleich Prozessverbesserungen durch Vorschläge der Kundenberater resultierten.

2) *Angst vor Überforderung:* Die Technikaffinität bei Menschen ist unterschiedlich ausgeprägt und kann von Vorerfahrungen, Profession, Alter und Persönlichkeit abhängen. Auch wenn sich die meisten Menschen an die Nutzung digitaler Tools in Beruf und Alltag

gewöhnt haben, stellt die Einführung neuer Systeme dennoch nicht selten für viele Betroffene eine Herausforderung dar. Nicht nur, dass die Trägheit überwunden werden muss, bisher Gewohntes zu verändern, es können auch Ängste entstehen, dem neuen System nicht gewachsen zu sein, sich entsprechend nicht mehr als kompetent zu erleben und damit Wohlbefinden im Job und Motivation einzubüßen (siehe auch Kap. 1.4.2).

> **Ursachen für Ängste vor Überforderung im Rahmen von Digitalisierung**
>
> Ängste vor Überforderung durch digitale Systeme entstehen in ganz besonderem Maße unter folgenden Voraussetzungen:
>
> - in Fällen, wo bisher noch relativ wenig mit digitalen Systemen gearbeitet wurde
> - wenn ein neues System von seiner Qualität her ganz neue Anforderungen erfordert
> - ein neues System komplexer ist, das heißt, weitaus mehr Funktionalitäten und Möglichkeiten bietet
> - Prozesse und Routinen in großem Maße verändert werden müssen.

Wenn diese Ängste auftreten, dann ist in ganz besonderem Maße der Erfolgsfaktor Re-Edukation gefordert (Kap. 2.1.7). Das Entscheidende ist hierbei, Schulungsmöglichkeiten schon vor Einführung des Systems durchzuführen und vor allem mit Verkündung der Einführung neuer Systeme auch auf diese Schulungsmöglichkeiten explizit hinzuweisen. Damit solche Schulungen ihre volle Wirkung entfalten und damit Ängste und Widerstände in möglichst großem Maße abbauen helfen, können einige Learnings aus den in Abschn. 4.2 vorgestellten Fallstudien mitgenommen werden:

- *Train-the-trainer Konzepte* bieten sich vor allem bei flächendeckenden Systemeinführungen mit vielen Nutzern an. Durch dieses Konzept werden nicht nur ausufernde Ausgaben für externe Trainings-Ressourcen eingespart, vielmehr kann der In-House-Trainer als Kollege auch gezielter auf die besonderen Bedingungen im Unternehmen und die entsprechenden Fragen der Geschulten eingehen und genießt mutmaßlich auch größeres Vertrauen. Damit sind die Inhouse-Trainer auch geeignete Change-Agenten zur Erzeugung von mehr Akzeptanz für das neue System (siehe hierzu die Fallstudie aus Abschn. 4.2.1).

- *Die Verbindung von Off- und On-the-Job-Elementen* erweist sich als besonders effektiv, um eine Nachhaltigkeit der Schulung zu gewährleisten und Transferlücken (Abschn. 2.1.7) zu vermeiden (vgl. hierzu die Fallstudie aus Abschn. 4.2.2). Off-the-job-Elemente ermöglichen zugleich auch mehr über die praktischen Herausforderungen zu lernen, die dann wieder in angepasste Schulungen und Konzepte münden können, aber auch zu Prozessoptimierungen im Sinne besserer Handhabbarkeit führen.
- *Eine schrittweise, vorab geplante Einführung* verhindert eine Überforderung der Organisation (siehe dazu die Fallstudien aus Abschn. 4.2.1 und Abschn. 4.2.2). Es bietet sich an, dass Bereiche, die für neue Systeme aufgeschlossen sind, zunächst in einem Pilotbetrieb Erfahrungen und Best Practices sammeln. Diese Best Practices können dann infolge gezielt an die Organisation weitergegeben werden, etwa in Form regelmäßiger Treffen der für den Roll-Out des Systems Zuständigen und/oder ergänzend durch digital gestützten Austausch über Foren, Wikis oder andere Plattformen im Intranet.

Erfolgsfaktoren beim Change Management im Rahmen von Digitalisierung

Kommunikation, Partizipation und Re-Edukation sind die wesentlichen Erfolgsfaktoren, um bestehende Ängste im Rahmen von Digitalisierung abzubauen.

Kommunikation dient dazu, unbegründete Befürchtungen zu verhindern.

Partizipation im Sinne der Einbeziehung der Betroffenen bei der Ausgestaltung neuer, digitalisierter Prozesse beseitigt die Ohnmacht der Betroffenen gegenüber den neuen Systemen und hilft zugleich, Prozesse unter Nutzung dezentralen Wissens optimal auszugestalten.

Re-Edukation sorgt für eine proaktive Schulung der Betroffenen, um Angst vor Überforderung zu vermeiden.

Ihr Transfer in die Praxis

- Treten Sie Befürchtungen vor Job- oder Bedeutungsverlust durch eine proaktive und offene Informationspolitik vor Einführung neuer Systeme entgegen.
- Lassen Sie die Betroffenen an der Ausgestaltung digitaler Systeme und Prozesse für ihren Arbeitsbereich teilhaben, um Berührungsängste und Widerstände abzubauen.
- Schulen Sie die Betroffenen vorab, um Angst vor Überforderung durch neue Technologien zu nehmen.

Literatur

Bartscher, T., & Nissen, R. (2019). *Change management für Personaler – Die digitale Arbeitswelt mitgestalten.* Haufe.

Grobe, T., Steinmann, S., & Gerr, J. (2018). *Gesundheitsreport 2018 – Arbeitsunfähigkeiten.* Techniker Krankenkasse, Unternehmenszentrale.

Harteis, C., (2017). Machines, change and work: An educational view on the digitalization of work. In C. Harteis (Hrsg.), *The impact of digitalization in the workplace* (S. 1–10). Springer International.

Lauer, T. (o.J.). Der Einfluss der IT-Entwicklung auf die Aufgaben des Personalmanagements. In G. Rienecker (Hrsg.), *Quality, that's IT. Informationstechnologie als strategisches Mittel im Qualitätswettbewerb* (S. 244–257). PASS Consulting.

Lauer, T. (2019). *Change management. Grundlagen und Erfolgsfaktoren* (3. Aufl.). Springer Gaber.

Lichtblau, K., Fritsch, M., & Millack A. (März 2018). *Digitalisierung von Wirtschaft und Gesellschaft in Deutschland.* Institut der Deutschen Wirtschaft.

Pietsch, T., & Kettner, B. (2016). Digitalisierung in deutschen KMU – Auswirkungen auf Prozesse, IT und Mitarbeiter. In M. Knaut (Hrsg.), *Digitalisierung: Menschen zählen* (S. 16–21). BWV.

Reinhardt, K. (2020). *Digitale Transformation der Organisation.* Springer Fachmedien.

Schallmo, D., Reinhart, J., & Kuntz, E. (2018). Technologische Trends. *Digitale Transformation von Geschäftsmodellen erfolgreich gestalten* (S. 1–24). Schwerpunkt Business Model Innovation. Springer Gabler.

Wolter, M. I., Mönnig, A., Schneemann, I., Weber, E., Zika, G., Helmrich, R., Maier, T. & Winnige, S. (2019). *Wirtschaft 4.0 und die Folgen für Arbeitsmarkt und Ökonomie.* Diskussionspapiere des Bundesinstituts für Berufsbildung, Nürnberg, Nr. 200.

5

Wandel im Rahmen von Unternehmenswachstum und Professionalisierung

Fallstudien zur internen Veränderung von Unternehmen und was sie uns lehren!

Thomas Lauer, Nicole Zieger, Christian Strunk, Kay Petrisor, Heiko Aland, Florian D. Weber, Stefanie Lang

„Fokussiere all deine Energie nicht auf das Bekämpfen des Alten, sondern auf das Erschaffen des Neuen."

Sokrates (Philosoph der griechischen Antike)

Was Sie aus diesem Kapitel mitnehmen

- Aktuelle Praxiseinblicke zum Management von Unternehmenswachstum und Unternehmens-Professionalisierung.
- Was typische Herausforderungen in verschiedenen Phasen der Unternehmensentwicklung sind.
- Was in der Praxis geholfen hat, wachsende Pionierunternehmen zu professionalisieren.
- Was in der Praxis geholfen hat, zu stark bürokratisierte Unternehmen neu zu beleben.

T. Lauer, *Quick Guide Change Management für alle Fälle*, Quick Guide, https://doi.org/10.1007/978-3-662-64237-5_5

Es sind nicht immer äußere Anlässe oder eine bewusste Veränderung, wie etwa die Entscheidung zur Einführung einer neuen Software oder die Durchführung eines M&A, die Unternehmenswandel bestimmen. Unternehmenswandel kann auch schleichend durch das Wachstum einer Organisation erforderlich werden. Eigentlich hat der Wandel in diesen Fällen schon begonnen, es kommt aber darauf an, diesen inhärenten Wandel als Führungskraft zu erkennen und ihn steuernd in die Hand zu nehmen, denn ansonsten können daraus nicht zu unterschätzende interne Konflikte resultieren.

5.1 Formen und Bedeutung von Wandel durch Unternehmenswachstum

Unternehmen werden gegründet, wachsen bei Erfolg und verändern sich dadurch im Hinblick auf ihre innere Struktur und ihre Kultur. Dass dieses Wachstum große Parallelen zur menschlichen Entwicklung aufweist, hat der niederländische Kinderarzt und Sozialökonom Bernard Lievegoed eindrücklich aufgezeigt (Lievegoed, 1974; Lauer, 2019).

Abb. 5.1 verdeutlicht diese typische Entwicklung. Sie setzt sich aus drei Haupt-Phasen zusammen, an deren Übergang jeweils eine Krisenphase steht. In den folgenden Abschnitten gehe ich auf diese Abfolge genauer ein.

5.1.1 Von der Pionier- zur Differenzierungsphase

Die erste Krise, am Ausgang der sogenannten Pionierphase, kann mit der Pubertät beim Menschen verglichen werden. Das lange Zeit von der Gründerperson beherrschte Unternehmen stößt hier ob seines durch Erfolg ausgelösten Wachstums langsam an seine Grenzen. Eine spontane Organisation von Abläufen, eine familiär anmutende Atmosphäre, in der jeder jeden kennt, und eine Entscheidungsallmacht durch die Gründungsperson lässt sich angesichts der gewachsenen Größe und der hohen Zahl der Kunden nicht mehr aufrechterhalten. Dennoch versuchen sowohl der Gründe als auch die Mitarbeiter der

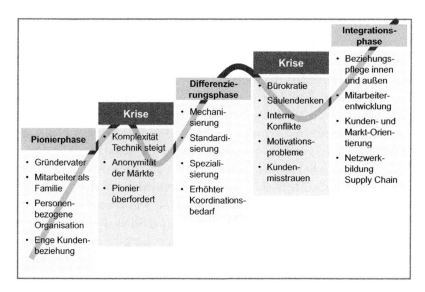

Abb. 5.1 Der Lebenszyklus von Unternehmen nach Lievegoed. (Abbildung nach Lauer, 2019, S. 24)

ersten Stunde an dieser familiär anmutenden Struktur festzuhalten. Dies führt zu internen und externen Problemen. Die Gründungsperson fühlt sich überlastet. Kunden werden misstrauisch, da ihnen die bisherige Aufmerksamkeit (u. a. auch der Gründungsperson) nicht mehr so zuteilwird, wie bislang gewohnt. Gleichzeitig muss das Unternehmen qualifiziertes Personal akquirieren, welches wiederum zu wenig Entfaltungsmöglichkeiten für sich wähnt, da die Gründungsperson nach wie vor alles dominiert. Ein Unternehmen kommt in dieser Phase auf Dauer nicht umhin, „erwachsen" zu werden und in die Differenzierungsphase zu wechseln.

5.1.2 Von der Differenzierungs- zur Integrationsphase

Die Differenzierungsphase ist durch eine ausdifferenzierte Organisation, etwa nach Funktionsbereichen wie Produktion, Vertrieb, Marketing, Personal etc., gekennzeichnet und besitzt so klare Zuständigkeiten und Abläufe. Entscheidungskompetenzen werden nun nicht mehr nur

von der Gründerperson wahrgenommen, sondern auch von Führungskräften der zweiten Reihe. Wird ein solchermaßen differenziertes
Unternehmen zu groß und dauert die Differenzierung zu lange an,
kann es passieren, dass die Bereiche des Unternehmens eine Art Eigenleben entwickeln. Das Unternehmen kommt dann quasi in seine Mid-
life-Crisis. Typisch für diese Krise ist, dass Partialziele durch einzelne
Organisationseinheiten verfolgt werden und nicht mehr das Große und
Ganze des Unternehmens, schon gar nicht das Wohl der Kunden im
Vordergrund steht. Resultierende Konflikte zwischen Abteilungen oder
Unternehmensbereichen sind hier charakteristisch, weshalb die Phase
auch als Spannungsphase bezeichnet wird. So will etwa die Produktion
möglichst Kosten einsparen, da dies ihr partielles Funktionsziel ist,
und produziert deshalb in möglichst hohen Losgrößen, um Umrüst-
kosten einzusparen. Der Vertrieb wiederum möchte möglichst schnell
seine Kunden beliefern, um kurzfristig Umsätze zu erhöhen, kann dies
aber nicht, weil das entsprechende Produkt in der Produktion wegen
der hohen Losgrößen erst zu einem späteren Zeitpunkt eingeplant ist.
Durch solche Konflikte kommt es zwangsläufig auch zu einer Ent-
fremdung von den Kunden und die Marktorientierung nimmt ab.
Überwindet ein Unternehmen diese Krise erfolgreich, so erlangt es
quasi die höchste Reife und mündet in die Integrationsphase. Diese
ist durch ein wiedererstarktes Miteinander gekennzeichnet und vereint
somit den Zusammenhalt der Pionierphase mit der Professionalität der
Differenzierungsphase. Dieses neue Miteinander betrifft dabei sowohl
die interne Kultur der Zusammenarbeit zwischen den Bereichen als
auch die Beziehung zu externen Interessensgruppen wie Kunden oder
Lieferanten.

5.2   Fallstudien zu Unternehmenswachstum und Professionalisierung

Wie in Abschn. 5.1 gesehen, durchlaufen Unternehmen in ihrer Entwicklung typische Phasen, zu deren Ende jeweils eine Krise folgt, die es
durch geeignete Maßnahmen zu überwinden gilt. Entsprechend werden
die hier präsentierten Fallstudien danach unterteilt, ob es sich um die

Überwindung der Pionier- (Abschn. 5.3.1) oder der Spannungsphase (Abschn. 5.3.2) handelt.

Bei der Überwindung der Pionierphase sollte man dabei nicht nur das Bild des „klassischen" Pionierunternehmens vor Augen haben, sondern auch moderne Start-ups, wie es in den Fallstudien aus Abschn. 5.2.1 und 5.2.2 beispielhaft ersichtlich wird. Aber auch eher forschungsnahe Organisationen und eben nicht nur klassische Unternehmen können solche Phasen durchlaufen (Abschn. 5.2.3). Außerdem ist auch eine weitergehende Professionalisierung, etwa ein professionelleres Personalwesen, bei schon recht großen und ausdifferenzierten Unternehmen durchaus eine Herausforderung, wie die Fallstudie aus Abschn. 5.2.4 aufzeigt.

Dass die Überwindung der Spannungsphase ein stärkeres Miteinander erfordert sowie eine integrativere Führung, zeigen die Fallstudien aus Abschn. 5.2.5 und 5.2.6 auf.

5.2.1 Fallstudie: Professionalisierung eines schnell wachsenden Start-ups

Nicole Zieger (Beraterin für Business Transformation und Nachwuchsführungskräfteentwicklung)

Dass auch Unternehmenserfolg und daraus resultierendes Wachstum zu einer Herausforderung werden kann, zeigt das Beispiel eines vor wenigen Jahren in Nordrhein-Westfalen gegründeten Unternehmens der Technologie-Branche. Der Übergang zu einem professioneller organisierten, stärker ausdifferenzierten Unternehmen fällt oft dort gerade schwer, wo ein charismatischer Gründer zugleich Eigentümer und treibende Kraft für den Erfolg ist. So auch im vorliegenden Fall.

Nachdem die Geschäfte im Gründungsjahr zunächst eher schleppend anliefen, brachte ein Großauftrag die Wende und löste ein anhaltend starkes Wachstum aus. Binnen vier Jahren konnte so die Mitarbeiterzahl von 50 überschritten werden. Die Strukturen im Unternehmen wurden jedoch parallel nicht angepasst. Und so agierte der Gründer quasi wie am ersten Tag, kümmerte sich selbst um eher operative Tätigkeiten und traf zudem alle relevanten Entscheidungen, und das eher intuitiv. Dabei konnte sich der Gründer zwar auf seine technische Fachexpertise verlassen, besaß aber keine Ausbildung in betriebswirtschaftlichen Fragen, Personalführung oder strategischem Management. Dies führte zu einem Zwiespalt. Einerseits fühlte sich der Gründer dadurch in Managementangelegenheiten eher unsicher, andererseits fiel es ihm auch schwer, Entscheidungsgewalt für sein „Baby" abzugeben. Trotz anhaltendem Wachstum hatte dieser Zwiespalt zunehmend negative Auswirkungen für das Unternehmen. Mitarbeitende waren immer öfter unzufrieden, da Entscheidungen nicht ausreichend transparent waren. Vor allem bei der Genehmigung von Budgets für unterschiedliche Vorhaben fühlten sie sich nicht selten ungleich behandelt, da die Entscheidungen intuitiv und ohne sichtbare Kriterien getroffen wurden. Zudem war der Gründer bei der gewachsenen Unternehmensgröße nicht mehr in der Lage, alle Entscheidungsbedarfe selbst zu erkennen, wodurch sich die Entwicklungsgeschwindigkeit des Unternehmens zusehends verlangsamte.

Abhilfe in dieser Situation brachte der gezielte Einsatz von Coaching durch eine Change-Management-Beraterin, die den Gründer ein Jahr lang begleitete. Um diesen Schritt zu gehen, war die Einsicht seitens des Gründers wichtig, dass es sich bei den Problemen um typische Herausforderungen eines wachsenden Unternehmens handelt, die nicht auf persönlichen Unzulänglichkeiten, sondern schlichtweg fehlendem Wissen und Erfahrung beruhen. Ziel dieser Coaching-Maßnahme war es dementsprechend, den Gründer in seiner Rolle als Geschäftsführer eines nun „erwachsenen" Unternehmens zu befähigen und der Größe des Unternehmens angemessene Strukturen und Kommunikationsprozesse zu etablieren.

Dabei wurde dem Gründer als Coachee nicht nur Wissen anhand anderer Unternehmensbeispiele vermittelt, sondern er erhielt zusätzlich zum Coaching auch einen Mentor in Form eines Geschäftsführers eines Unternehmens, welches eine ähnliche Professionalisierung schon erfolgreich hinter sich gebracht hatte. Dazu hat der Gründer unter anderem diesen Mentor über einen Monat lang in dessen Unternehmen bei verschiedenen Situationen beobachtend begleitet (sogenanntes Job-Shadowing), um gezielt von dessen Erfahrungen zu profitieren.

Zentraler Punkt des Coachings war die Herbeiführung eines Bewusstseinswandels hinsichtlich des Willens und der Fähigkeit, Verantwortung an Führungskräfte zu delegieren. Dazu wurden Ursachen mangelnden Vertrauens in andere analysiert und zugleich Techniken vermittelt, um zu lernen, in welchen Situationen Delegation angebracht ist und wie man dennoch als Geschäftsführer die letztliche Steuerungshoheit behält. Ein entscheidender Schritt zum Bewusstseinswandel war die Erkenntnis, dass die Einbindung anderer Fach- und Führungskräfte des Unternehmens einerseits zu einer Entlastung des Gründers führt, der sich dann stärker auf die strategische Steuerung konzentrieren kann, und zum anderen eigene Kompetenz- und Wissenslücken geschlossen werden können. Dazu wurde eine Kompetenz-Matrix erstellt, die transparent macht, welche Kompetenzen bereits beim Gründer vorhanden sind und durch wen im Hause existierende Kompetenzlücken geeignet geschlossen werden können.

Für das Gewinnen von Vertrauen in die angestellten Führungskräfte war neben der Reflektion des eigenen Denkens auch ein Teamevent aller Verantwortungsträger ein zentraler Baustein. Das Event starte mit einem Impulsvortrag zum Thema Vertrauen. Anschließend war eine Outdoor-Übung zu absolvieren, bei der ein Lagerfeuerplatz nach bestimmten Kriterien aufzubauen war. Der Geschäftsführer musste dabei eine passive Rolle einnehmen und lediglich die zu erfüllenden Kriterien an die Gruppe vermitteln. Die Organisation und Umsetzung der Aufgabe lag dann bei der Gruppe, die die anstehenden Aufgaben stärkenorientiert verteilte. Während das Team die Aufgabe erfüllte, wurde separat mit dem Geschäftsführer ein Spaziergang gemacht und eine Reflektion seiner größten Ängste beim Abgeben von Verantwortung durchgeführt. Am Ende der Übung entstand ein Lagerfeuerplatz, der die vorgegebenen Kriterien erfüllte und zudem noch mit überzeugenden Innovationen der Teamkollegen versehen war, an die er Geschäftsführer selbst so nicht gedacht hat. Diese Erfahrung wurde dann beim Betrachten des Ergebnisses mit dem Geschäftsführer reflektiert. Im Anschluss wurde gemeinsam in gemütlicher Runde gegrillt und über zukünftige Herausforderungen gesprochen.

Zur Etablierung professioneller, auf Delegation ruhender Strukturen wurden auf Basis des nun veränderten Bewusstseins Prozesse definiert und eine Reihe von Tools implementiert. So etwa eine sogenannte RASIC-Matrix, die Verantwortlichkeiten klar und sichtbar regelt, oder auch die Einrichtung eines wöchentlichen Jour Fixe der Führungskräfte zur Gewährleistung eines reibungslosen Informationsaustauschs. Um dabei Zielklarheit für alle Verantwortlichen zu schaffen, wurde für das Unternehmen zudem im Anschluss an das oben geschilderte Teamevent eine klare Vision definiert und darauf basierend eine strategische Planung etabliert.

Obwohl die eingeleiteten Maßnahmen zu einer Erweiterung der Entscheidungsspielräume der Belegschaft führten und gezielt vorhandener Unzufriedenheit entgegenwirken sollten, wurde die Richtung der Veränderung anfangs auch mit Skepsis gesehen. So hatten Teile der Belegschaft Angst, dass aus der vormals lockeren, familiären Kultur, wie sie für neue Unternehmen typisch ist, eine steife, hierarchische und bürokratische Organisation erwächst. Um Widerständen, die aus dieser Angst entstehen, konstruktiv zu begegnen, wurde auf den Erfolgsfaktor Lernen durch Partizipation gesetzt. Dazu wurde als Maßnahme auf bewusstes Erleben von fehlgesteuerter Kommunikation und Prozessen anhand eines Planspiels gesetzt. Im Planspiel ging es darum, einen Prozess aus Einzelteilen zusammenzusetzen, wobei jeder Teilnehmer nur ein Prozessteil besitzt und dieses nicht zeigen, aber beschreiben darf. Entscheidende Dinge wie „gut zuhören", „genaues Beschreiben" und „alle zu Wort kommen lassen" wurden hier von den Teilnehmern selbst als Erfolgsfaktoren erkannt und diese Erkenntnis in die Alltagspraxis der Zusammenarbeit einer stärker differenzierten Organisation übertragen. Ein konkretes Ergebnis dieses Praxistransfers war die Einführung sogenannter *Stand up Points,* bei der zu einer festgelegten Uhrzeit jeder, der etwas mitzuteilen hat, ein kurzes Update gibt und dabei die oben erlernten Erkenntnisse zu wirksamer Kommunikation im Team berücksichtigt. Zudem wurde vereinbart, alle acht Wochen zusammenzukommen, um die Zusammenarbeit zu reflektieren und im Sinne eines kontinuierlichen Verbesserungsprozesses nachhaltig zu optimieren.

5.2.2 Fallstudie: Einführung von Agilem Management bei einem FichTech

Christian Strunk (Product Management & Leadership Coach)

Agiles Management ist mittlerweile als Standard vor allem im Bereich der Softwareentwicklung etabliert und erlaubt Organisationen ein einerseits dezentrales und flexibles Arbeiten, bietet andererseits aber auch einen Rahmen, um Verantwortlichkeiten klar zu definieren. Die Umstellung von Organisationen auf agiles Arbeiten fällt vor allem traditionellen Großunternehmen schwer, wo hierarchisches und bürokratisches Denken in der Unternehmenskultur verankert sind. Das hier aufgeführte Beispiel zeigt aber, dass auch in jungen Start-Ups eine agile Transformation zur Herausforderung wird, wenn diese gleichzeitig mit Mergers & Acquisitions sowie einer zunehmenden Internationalisierung einhergeht.

Das hier betrachtete Unternehmen ist ein erst wenige Jahre altes FinTech (so werden auf Internettechnologie basierende Start-Ups in der Finanzbranche bezeichnet), welches vor allem Lösungen für kleinere und mittlere Handelsunternehmen anbietet. Der Erfolg dieses FinTechs lässt sich anhand der von Beginn an stark wachsenden Kennzahlen zu Umsatz oder Mitarbeiteranzahl ablesen. Parallel dazu wurden im Ausland Unternehmen aufgekauft, die komplementäre Technologien zur Vervollständigung der Lösungspalette boten, und die zugleich auch als Ausgangspunkte internationalen Wachstums dienten. Die einzelnen Unternehmensbereiche in den verschiedenen Ländern arbeiteten dabei zunächst weitgehend autonom, was zwar eine schnelle Adaption an regionale Erfordernisse ermöglichte, zunehmend aber die Kommunikation untereinander und eine einheitliche Vorgehensweise erschwerte. Zudem war permanent eine weltweit große Anzahl an neuen Mitarbeitern zu integrieren, ohne dass es ein geregeltes Onboarding, basierend auf einheitlichen Prozessen gab. Um die gewachsene Komplexität des Unternehmens zu beherrschen, gleichzeitig aber die Vorteile flexiblen Reagierens eines Start-Ups nicht einzubüßen, entschloss sich das Top-Management, global ein unternehmensweit einheitliches System agilen Managements einzuführen, welches vor allem auf den Methoden Scrum und Kanban beruht. Damit sollten einerseits Autonomie und Flexibilität der einzelnen Einheiten gewahrt bleiben, andererseits aber durch eindeutige Zuweisung von sogenannten Product-Ownerships zu den Teams die Zuständigkeiten klar verteilt werden.

Die Einführung einheitlicher agiler Methoden stieß aber trotz des kulturellen Fits der Methodik auch in dem jungen StartUp und bei den akquirierten Tochtergesellschaften durchaus auf Widerstände. So wurden etwa Meetings, an denen externe Scrum-Coaches teilnehmen sollten, verlegt, ohne diese vorab zu informieren. In anderen Fällen zeigten Mitarbeiter in Workshops zum agilen Arbeiten mehr oder weniger offen ihr Desinteresse, indem sie nach Pausen weit verspätet in den Seminarraum zurückkamen, sich kaum an interaktiven Elementen beteiligten oder parallel ihre Emails am Laptop bearbeiteten. Dank externer Unterstützung und eines ausgearbeiteten Change-Plans konnten die Probleme jedoch erfolgreich überwunden werden. Kern dieses Plans war ein stufenweiser Top-Down-Prozess zum Bewusstseinswandel, denn agiles Arbeiten basiert nicht nur auf der Umsetzung entsprechender Tools, sondern setzt zuvorderst ein Umdenken aller Beteiligten voraus. Ein entscheidender Faktor für erfolgreichen Wandel ist nicht selten, dass dieser von Seiten der Top-Führungskräfte vorgelebt wird. Entsprechend startete der Prozess der agilen Transformation beim Top-Management, welches sich über einen Zeitraum von zwei Monaten einem intensiven Coaching in Bezug auf agiles Denken und Arbeiten unterzog. In einem zweiten Schritt der Transformationen arbeitete das mittlere Management, repräsentiert durch die Abteilungs- und Teamleiter, intensiv mit den externen Coaches zusammen. Das Unternehmen investierte dazu sehr viel Geld in Reise- und Hotelkosten, um dreitägige Workshops außerhalb der Büroräume für alle Führungskräfte zu veranstalten. Nach der erfolgreichen Etablierung der agilen Prozesse auf Führungsebene wurden schließlich in einem dritten Schritt die Teams trainiert. Auch hierzu wurden Offsite-Meetings und Trainings für alle Produkt- und Entwicklungsteams an den Hauptstandorten in aller Welt abgehalten. Die Abteilungsleiter organisierten darüber hinaus mindestens einmal im Quartal weitere Offsites, um alle Mitarbeiter und Führungskräfte der Standorte zusammenzubringen. Dabei ging es um den Austausch von Erfahrungen im Hinblick auf die agile Transformation, aber auch um die Vermittlung von spezifischem Wissen. Durch die Rückendeckung, das Verständnis und das Vorleben der neuen Prozesse durch die Führungskräfte war es möglich, trotz anfänglicher Widerstände und Sorgen der Mitarbeiter über die anstehenden Veränderungen diese letztlich erfolgreich auszurollen. So herrscht heute eine wesentliche Verbesserung der Kommunikation zwischen den Abteilungen vor, die sich etwa in regelmäßigen Meetings zum Austausch über gemeinsam zu erreichende Ziele und die Verständigung über Prozesse mit gegenseitigen Abhängigkeiten zeigt. Dieser abteilungsübergreifende Austausch findet – im Gegensatz zu früher – bereits *vor* der formalen Quartalsplanung statt. Dadurch läuft die Quartalsplanung selbst ebenfalls schneller ab. Wurde sie vor Einführung der agilen Prozesse oft erst am Ende des ersten Monats im neuen Quartal fertiggestellt, so liegen die abgestimmten Planzahlen nun in der Regel bereits in der ersten Woche des neuen Quartals vor.

5.2.3 Fallstudie: Aufbau eines Business Development für ein Forschungsinstitut

Kay Petrisor (Leiter Business Development, WifOR Institute)

Schnell wachsende Organisationen unterliegen ab einer gewissen Größe der Notwendigkeit sich zu professionalisieren und in verschiedene Funktionsbereiche auszudifferenzieren. Dass dies nicht ohne besondere Herausforderungen bleibt, aber letztlich bei richtiger Vorgehensweise gelingen kann, zeigt die folgende Fallstudie.

Das hier betrachtete, unabhängige Wirtschaftsforschungsinstitut hat seine Wurzeln in der universitären Forschung, bietet als ausgegründetes Institut seit einigen Jahren seine Leistungen aber auch für Unternehmen, Verbände und öffentliche Institutionen auf dem freien Markt an. Nicht zuletzt wegen namhafter Unterstützter des Instituts aus der Wissenschaft stellte sich dabei ein rascher Erfolg ein, was mit erheblichem Personalwachstum und einer internationalen Ausdehnung, unter anderem nach Irland, Griechenland und die USA einherging. Um das Wachstum abzusichern und auch künftig genügend Aufträge zu erhalten, beschloss man im Jahr 2017 eine eigene Vertriebsabteilung aufzubauen. Da es sich bei Wirtschaftsforschung um individuell angepasste Projekte handelt, die oft einen vertrieblichen Vorlauf von ein bis zwei Jahren haben, erfordert der Vertrieb hier besondere Fachkenntnisse und wird folglich sprachlich passender als Business Development bezeichnet.

Zunächst wurden neue Mitarbeiter für den Bereich Business Development eingestellt, die bis zur Gründung einer entsprechenden Abteilung ohne klare Führungsstrukturen und entsprechend eher gemäß sich gerade bietender Chancen agierten. Aber auch nach Gründung der neuen Organisationseinheit Business Development, 6 Monate später, war die genaue Beziehung zu den Forschungseinheiten, die sich in drei unterschiedliche Bereiche aufgliedern, noch nicht spezifiziert. So wurden die genauen Ziele und der erwartete Mehrwert der neuen Abteilung nicht explizit im Unternehmen kommuniziert. Schon bald zeigten sich dadurch Probleme im Zusammenspiel von Business Development und den Forschungsabteilungen. So waren die Business Developer hoch motiviert ans Werk gegangen und konnten nach kurzer Zeit schon eine Reihe von Interessenten gewinnen, für die Angebote zu erstellen waren. Zur allgemeinen Überraschung stieß dieser Erfolg aber nicht auf ungeteilte Freude bei den Forschungsabteilungen. Zum einen entstand für diese dadurch eine Arbeitsmehrbelastung, denn zur konkreten Angebotserstellung war die Expertise der Forscher von Nöten. Zum anderen erwiesen sich manche der den Kunden offerierten Forschungsprojekte als so nicht realisierbar oder passend. Dafür verantwortlich war vor allem ein nicht ausreichend vorhandenes Wissen über die Forschungsprodukte bei den Business Developern, obwohl diese grundsätzlich einen adäquaten akademischen Background aufwiesen. So wurde etwa versucht, Forschungsvorhaben an Mittelständler zu verkaufen, die für Betriebe dieser Größe völlig überdimensioniert waren und die verfügbaren Budgets überstiegen. Solche Erfahrungen sorgten dann im Gegenzug für Frustrationen beim Business-Development-Team, da die eigenen Vertriebsanstrengungen nicht entsprechend von den Forschern gewürdigt wurden und nicht wirklich zu Absatzerfolgen führten.

Die geschilderten Probleme wurden aber frühzeitig erkannt und es konnte infolge mit einer Reihe an Maßnahmen erfolgreich gegengesteuert werden.

Um das Verständnis der Aufgaben des Business Development bei den Forschungsabteilungen zu erhöhen, wurde Top-Down eine Serie an Meetings und Workshops veranstaltet. Zunächst wurde in einem Strategiemeeting von Geschäftsführung und Leitung Business Development präzisiert, was Aufgaben und Ziele des neuen Bereichs sind. Dabei ging es vor allem auch darum herauszustellen, dass eine Steigerung der Markt- und Kundensicht durch enge und regelmäßige Kundenkontakte der Business Developer Vorteile für die Entwicklung des Instituts mit sich bringt, eine Aufgabe, die die Forscher so nicht leisten können. In einem zweiten Schritt wurden Workshops mit den Bereichsleitern Forschung abgehalten, um die im Strategieworkshop erarbeiteten Punkte zu transportieren, aber auch Feedback seitens der Forschungsleiter einzuholen. So konnte ein gegenseitiges Verständnis und eine Akzeptanz für die Aufgaben des Business Development bei den Führungskräften erzeugt werden. Im dritten Schritt wurden dann auch Treffen mit den Mitarbeitern in den drei Forschungsfeldern veranstaltet. Neben der Information über die Aufgaben des Business Development stand hier auch das Einholen von Feedback im Vordergrund. So konnten eine Reihe nützlicher Empfehlungen seitens der Forscher eingesammelt werden, die für eine fruchtbare Zusammenarbeit sorgten.

Um künftig passgenauer die richtigen Angebote zu unterbreiten und gezielter die richtigen Kunden zu akquirieren, wurde parallel analysiert, welche Produkte auf welchen Märkten (national und international) besonders hohe Potenziale versprechen. Die für die Märkte jeweils zuständigen Business Developer wurden dann infolge gezielt zu diesen Forschungsprodukten geschult und die Märkte entsprechend zielgerichtet bearbeitet.

Schließlich wurde zur Verbesserung der operativen Zusammenarbeit der beiden Bereiche in den Forschungsabteilungen jeweils eine Person als Schnittstelle definiert. Dies hatte zum Vorteil, dass es in den Forschungsabteilungen nun einen Experten für die Anforderungen des Business Development gab und die Anfragen seitens der Developer zudem kanalisiert wurden. Diese Maßnahme stieß sowohl bei den Mitarbeitern der Forschungsabteilungen als auch deren Leitern auf große Akzeptanz, da dadurch eine erhebliche Arbeitsentlastung zugunsten des Projektgeschäfts erfolgte.

Zusammenfassend zeigt die Fallstudie in besonderer Weise, dass offene Kommunikation, Partizipation und auch proaktive Schulung wesentliche Bausteine für ein erfolgreiches Change Management sind.

5.2.4 Fallstudie: Einführung einer professionellen Personalentwicklung

Heiko Aland (Change Management/Organisationsentwicklung/ Personalentwicklung, HUK-COBURG).

Wachstum ist ein Ziel fast aller Unternehmen. Tritt kräftiges Unternehmenswachstum ein, so ist die Euphorie oftmals groß. Aber Wachstum führt parallel nicht selten zu schmerzhaften Begleiterscheinungen, wie das folgende Beispiel eines deutschen Tier-1-Automotive Zulieferers zeigt. Tier-1-Zulieferer sind dabei Zulieferer der ersten Stufe, die die großen Automobilhersteller direkt mit Teilen oder ganzen Modulen beliefern. An sie werden dadurch besondere Anforderungen bzgl. Geschäftsbeziehung und Qualität gestellt, die sich nicht zuletzt auch auf ständig wachsende und ändernde Kompetenzanforderungen der Mitarbeiter auswirken.

Das hier betrachtete Unternehmen mit knapp 10.000 Mitarbeitern, die sich auf über 40 Standorte weltweit verteilen, war bereits über einen längeren Zeitraum hinweg jährlich zweistellig gewachsen. Nicht nur die Geschäftsleitung bekam dabei zunehmend den Eindruck, dass das starke Wachstum auf Dauer nicht ohne Folgen bleiben würde, auch diverse Audits bestätigten dies. Konkret zeigten sich folgende Probleme, die für das Unternehmen kritisch waren:

- eine erhöhte Fluktuation von Spezialisten
- eine zunehmende Problematik, benötigte Kompetenzen sicherzustellen
- Probleme bei der Wahrung der Attraktivität des Unternehmens als Arbeitgeber, beginnend schon mit der Ausbildung.

Angesichts dieser Probleme setzte sich bei der Geschäftsleitung die Erkenntnis durch, dass eine gezielte Personalentwicklung ein Schlüsselelement zur Bewältigung dieser Herausforderungen sein kann. Entsprechend wurde folgender Auftrag formuliert wurde: „Wir brauchen mehr als einen Seminarbucher. Vielmehr eine Personalentwicklung, die uns konkret unterstützt. Diese gilt es aufzubauen."

Deutlich wurde, dass dieser Auftrag – über die operativen Qualifizierungsbelange hinaus – strategische Aspekte ansprach. Für die Personalentwicklung stellte sich entsprechend nicht nur die Frage, welchen Beitrag sie operativ leisten kann, sondern viel grundsätzlicher, wie sich eine Personalentwicklung mit echtem Mehrwert dauerhaft im Unternehmen verankern lässt. Dabei wurden drei Kriterien zu Grunde gelegt, denen künftige Prozessschritte, Instrumente und Bausteine einer Personalentwicklung genügen müssen:

1. Die Maßnahme dient nachweislich einer hohen internen Kundenorientierung.
2. Der strategische Beitrag für das Unternehmen ist erkennbar.
3. Sie hat einen sichtbaren Wertschöpfungsbeitrag.

Erster Umsetzungsschritt hierzu war der Start eines Pilotprojekts. Hierzu wurde der Bereich Projektmanagement als ein wesentlicher Kernprozess des Unternehmens ausgewählt, bei dem, auch durch das Wachstum bedingt, seit geraumer Zeit nicht mehr alles reibungslos lief. Ziel der Pilotierung war es, an den konkreten Bedarfen des Projektmanagements entlang eine gezielte und systematische bzw. strategische Personalentwicklung aufzubauen. Doch obwohl die Bedarfe für eine Veränderung in diesem Bereich seit einiger Zeit evident waren, gestaltete sich die Umsetzung der Aufgaben als durchaus kritisch, denn im Tagesgeschäft war zunächst kaum Begeisterung für die Personalentwicklungs-Themen erkennbar. Ablehnende Argumente der Betroffenen, wie: „Ich habe gerade keine Zeit!", waren alles andere als selten. Skeptisch wurde dabei einerseits auf den Mehrwert der Personalentwicklungsmaßnahmen geschaut, da man in diesen „weichen" Maßnahmen kaum einen messbaren Produktivitäts- und Effizienzbeitrag sah. Andererseits wurde die nun aktivere Rolle der

Personalentwicklung kritisch beäugt. Bis dato trat die Personalentwicklung im Unternehmen eher passiv und nachfrageorientiert auf (eben als „Seminarbucher"), allenfalls wurde bisweilen schon einmal Seminare empfohlen. Das aktivere Auftreten wurde entsprechend zunächst eher als Einmischung empfunden und die sich im Rahmen des Unternehmenswachstums bereits stark abgrenzenden Abteilungen wollten sich wenig durch eine Zentraleinheit in die Karten schauen lassen.

Ein maßgeblicher Schritt zur Überwindung dieser anfänglichen Widerstände waren pragmatische Auftragsklärungs-Workshops in allen Schnittstellen-Abteilungen des Projektmanagements. Dabei wurde den Betroffenen deutlich, dass es um die Unterstützung ihrer spezifischen Belange geht und dabei die drei oben genannten Kriterien im Vordergrund stehen. Die Auftragsklärung lieferte für die Personalentwicklung letztlich folgende Erkenntnisse, aus denen die ersten Maßnahmen, aber auch grundsätzliche perspektivische Ausrichtungen abgeleitet wurden:

- Im Projektmanagement gab es spezifische Probleme, wie etwa eine zu wenig ausgeprägte Zusammenarbeit mit wichtigen Schnittstellen, wenig verlässliche Daten zum Projektcontrolling sowie ein fehlendes einheitliches Verständnis, wie Projektmanagement im Haus generell betrieben wird.
- Im Unternehmen entwickelte sich durch die zunehmende Größe ein stärker werdendes Silo-Denken, bei dem jeder Bereich bzw. jede Abteilung vor allem darauf achtete, die eigenen Ziele und Anforderungen zu erfüllen.
- Nicht wenige Mitarbeiter befürchteten ein „Versauern" im Tagesgeschäft und sahen für sich kaum eine klare Perspektive zur persönlichen Weiterentwicklung.
- Führung war dabei, mehr und mehr den persönlichen Charakter zu verlieren, den sie im mittelständischen Unternehmen noch besaß. Sie mutierte vielmehr zum eher technokratischen Management, etwa dem Verwalten von Meilensteinen.

Im Ergebnis wurde damit deutlich, dass die Personalentwicklung künftig auch Organisationsentwicklungs-Themen bedienen muss, um

Veränderungsbedarfe frühzeitig von innen heraus zu erkennen. Zudem wurde das Erfordernis deutlich, Mindeststandards an Personalentwicklungs-Instrumenten einzuführen, etwa institutionalisierte Mitarbeitergespräche oder Führungsleitlinien, um die Stimmung und die Motivation der Belegschaft zu verbessern. Aber diese (ersten) Maßnahmen allein hätten das Unternehmen nicht nachhaltig erfolgreicher gemacht. Die erfolgreiche Umsetzung haben vor allem die folgenden Faktoren sichergestellt:

1. Die Einordnung der Maßnahmen in ein strategisches Personalentwicklungs-Konzept, das Mehrwert durch Wirksamkeit versprach. Dies sicherte die Unterstützung der Geschäftsleitung und in der Folge auch die der weiteren Führungskräfte. Schnell wurde offensichtlich, wie sich die „Anfangs-Investitionen" in die Kompetenzprofile auszahlten. Die klare Aufbau-Logik des Personalentwicklungssystems mit seinen modularen Bausteinen sorgte zudem dafür, dass Verantwortliche den Beitrag auch für ihren jeweiligen Bereich schnell erkannten und so Bereitschaft zur Anwendung der Instrumente entstand.
2. Ein iteratives Vorgehen bei der Umsetzung, welches regelmäßige Feedbackschleifen enthielt und so das Commitment der Geschäftsleitung sicherte.
3. Die Beteiligung der Führungskräfte am Aufbau von Personalentwicklungs-Instrumenten. Beispielsweise wurden im Haus Funktionsbeschreibungen auf Basis konkreter Kompetenzprofile und Verhaltensanker erarbeitet, die grundlegend für die Mitarbeitergespräche, Qualifizierungsmaßnahmen und die Bewerberauswahl werden sollten.
4. Die schnelle Umsetzung einzelner Bausteine oder Systeme im Sinne von „Quick-Wins", um die vorhandene Skepsis bzgl. der Personalentwicklungs-Performance zu verringern und Neugier zu wecken. Vor allem die Betonung der Effizienz- und Kundenorientierung war hier ein entscheidender Schritt.
5. Das Angebot von auf die Mitarbeiter-Motivation einzahlenden Instrumenten, wie Mitarbeitergespräche, sowie die Schaffung eines

Seminarangebots, das sich an den in den Funktionsbeschreibungen definierten Kompetenzkriterien und Verhaltensankern orientierte.

6. Die schnelle Realisation der Führungskräfte-Entwicklung, um allen Führungskräften Orientierung im Wachstum zu geben.

7. Die Herstellung der Kompatibilität der Personalentwicklung in Bezug auf die zentralen als auch die Produktionsbereiche, sodass sich die Kompetenzkriterien im Haus immer wieder finden

Rückblickend bleibt festzuhalten, dass die Betonung der drei Kriterien Wertschöpfungsbeitrag, Strategieorientierung und Kundenorientierung ein Schlüsselelement zur Akzeptanz der Personalentwicklung – vor allem im Management – war, da hierdurch Denkweise und Sprache der Führungskräfte aufgegriffen wurden. Ein besseres Verständnis der vorgeschlagenen Maßnahmen resultierte hieraus und die nicht selten mit dem Vorurteil als „weicher", wenig produktiver Faktor belegte Personalentwicklung wurde zunehmend als strategischer Partner anerkannt.

Aber auch auf Mitarbeiterebene zeigte die Einführung einer professionellen Personalentwicklung positive Folgen. Führung wurde zunehmend „anders" wahrgenommen und gelebt. Die Motivation und Loyalität der Mitarbeiter steigerte sich deutlich. Mitarbeiter meldeten so etwa zurück, dass die Entwicklungsgespräche eine ganz andere Qualität erhalten hätten, da nun das „Wie hast Du gearbeitet?" inklusive einer gezielten Förderung der Kompetenzen in den Vordergrund gerückt wurde und der Fokus weniger auf „Was hast du geschafft?" lag.

Und auch im Hinblick auf die externe Wahrnehmung des Unternehmens blieb das neue Personalentwicklungsprogramm nicht ohne Wirkung. So nahmen etwa die externen Initiativbewerbungen deutlich zu, da sich die professionelle Personalentwicklungsarbeit herumsprach. Ein deutlicher Beleg für ein verbessertes Employer Branding – und auch das sollte die strategische Personalentwicklung (mit)leisten.

5.2.5 Fallstudie: Von der Spannungs- zur Integrationsphase – Ein Beispiel aus der Kunststoffindustrie

Florian D. Weber (Innovations- und Gründungsberater, BadenCampus)

Ein anschauliches Beispiel, wie zu stark ausdifferenzierte Unternehmen wieder zu mehr Zusammenarbeit kommen können, bietet der folgende Fall aus der Kunststoffindustrie.

Das hier betrachtete, ca. 12.000 Mitarbeiter starke und weltweit tätige Unternehmen gliedert sich in drei, sich nach den Anwendungsbereichen der Kunststoffe unterscheidende Sparten für industrielle, medizinische und automotive-gerichtete Anwendungen. Eine divisionale Organisation, die ob der unterschiedlichen Anforderungen in den Bereichen durchaus sinnvoll erscheint. Allerdings bildete sich in den Sparten mit der Zeit ein solches Eigenleben heraus, dass quasi kaum noch Kommunikation untereinander vorhanden war und bestehende Synergien nicht erkannt wurden. So wurde in zwei der Sparten etwa an einem gleichen Bauteil gearbeitet, ohne gegenseitig davon zu wissen.

Nicht nur wegen dieser Synergieverluste, sondern auch angesichts zukünftiger Herausforderungen in der Branche, vor allem in den Bereichen Nachhaltigkeit und Umweltschutz, sah sich die Unternehmensleitung gedrängt, das Nebeneinander der Sparten durch ein vorteilhaftes Miteinander zu ersetzen, ohne dabei die Eigenständigkeit der Sparten infrage zu stellen. Denn, wenn alle an einem Strang ziehen würden, so die Erwartung, könnte etwa eine einheitliche Umsetzung von künftigen Umweltrichtlinien wesentlich effizienter erfolgen.

Als Mittel zur Überwindung der Kommunikationsbarrieren entschied man sich für die Einführung von Collaboration-Tools, im vorliegenden Fall Microsoft Teams und Microsoft Yammer als Social Enterprise Network. Allerdings lassen sich organisatorische Probleme wie die geschilderten in aller Regel nicht einfach durch die Einführung von IT-Plattformen lösen, vielmehr ist auch ein Mind-Change der Beteiligten Personen und Organisationseinheiten erforderlich. Dies zeigte sich auch hier. Zum einen gab es in einem der Geschäftsbereiche massive Widerstände vonseiten des Bereichsvorstands, was sich bis in die unteren Managementebenen durchzog. Zum anderen wurde die Einführung durch kulturelle Probleme in einigen der weltweiten Standorte erschwert. So sah man vor allem in den USA das ganze Projekt aus einer mikro-politischen Perspektive und versuchte durch gezielte (Fehl-) Informationspolitik die Einführung zu untergraben. Und schließlich führten grundsätzlich gut gemeinte Aktionen auch noch zu Widerständen, die ex ante nicht zu erwarten waren. Dies betraf im vorliegenden Fall vor allem die Schulung der Mitarbeiter. Um alle mit den neuen Plattformen vertraut zu machen, hatte man einen Tischkalender entwickelt und verteilt, der auf sehr einfache, userfreundliche Weise den Umgang mit den Tools erklärte. Eine Aktion mit gemischtem Echo, wie sich zeigen sollte. Diejenigen, die bereits eine hohe Kompetenz im Umgang mit solchen Plattformen besaßen, fühlten sich schlichtweg „für dumm verkauft", andere, vor allem gewerbliche Angestellte in der Produktion, wussten gar nichts mit einem Tischkalender anzufangen, da sie an ihrem Arbeitsplatz keinen Schreibtisch hatten.

Trotz dieser ungünstigen Voraussetzungen gelang es aber, die Collaboration-Tools erfolgreich zu implementieren. Dazu waren eine ganze Reihe an Best Practices erforderlich.

Zunächst einmal überwand man die selbst erzeugte Problematik mit den Tischkalendern durch eine stärker differenzierte Schulungspolitik. Dazu führte man in den unterschiedlichen Abteilungen Interviews, um gezielt die Bedürfnisse der Belegschaft abzufragen. Ziel dabei war es, den Reifegrad der Mitarbeiter zu ergründen und dann daran angepasst Informationsmaterial zur Verfügung zu stellen. Mitarbeiter in der Produktion bekamen so schließlich keine Tischkalender, sondern Schlüsselanhänger mit laminierten „Merkzetteln", die man überall aufhängen konnte. Durch diese Aktion konnte nicht nur eine zielgruppengerechte Informations- und Schulungspolitik initiiert werden, vielmehr stellte sie auch eine Form der aktiven Einbindung aller in das Projekt dar, also gelebte Partizipation bei der Umsetzung.

Zur Überwindung der vorhandenen Widerstände maßgeblich war zudem, zunächst auf diejenigen zu setzen, die eine große Bereitschaft für den Wandel mitbrachten. So suchte man gezielt Führungskräfte, die bereit waren, die Rolle als First-Mover einzunehmen und die Collaboration-Tools an ihren Standorten zu pilotieren. Die so erzeugten Key-User machten dann als Change-Agents in weiteren Unternehmensbereichen „Werbung" für die neuen Plattformen, bis hin zur unternehmensweiten Ausbreitung. Diese Ausbreitung entstand zudem auch quasi spontan im „Wildwuchs". So wurde die neue Plattform von einigen Mitarbeitern genutzt, um zum Beispiel Fußballtickets zu tauschen oder Sportgruppen zu gründen. Das so entstandene Miteinander führte infolge zu einem immer größeren Austausch von unternehmensrelevanten Informationen innerhalb und zwischen den Geschäftsbereichen und somit einer Überwindung des strikten Spartendenkens.

5.2.6 Fallstudie: Einführung einer neuen Unternehmensstrategie nach Vorstandswechsel

Stefanie Lang (selbstständige Unternehmensberaterin)

Am Beispiel eines global tätigen Automotive-Unternehmens veranschaulicht die folgende Fallstudie, wie ein Konzernbereich mit rund 30.000 Mitarbeitern in über 10 Ländern nachhaltig ausgerichtet und eine neue Unternehmensstrategie in einer multinationalen Organisation mit mehr als 100.000 Mitarbeitern verankert wurde.

Ziel des Wandels war, dem „Großkonzern-Schiff" eine neue, von strategischer Nachhaltigkeit geprägte Ausrichtung zu geben. Dies stellte durchaus eine Herausforderung dar, da nach einigen Unruhen, verursacht durch einen nicht vollständig umgesetzten Merger, Verkaufsgerüchten und schnellen Vorstandswechseln, eine Art organisatorischer Wildwuchs entstanden war. Insbesondere „die Lehmschicht des mittleren Managements" zeigte sich nur noch wenig aufeinander abgestimmt und war kaum noch für erneute Veränderungen zu erreichen. Es gab somit de facto Unternehmen im Unternehmen, die für sich unabhängig agierten und, aus ihrer Einzelsicht verständlich, auch kein Interesse hatten, etwas daran zu ändern. So kam es beispielsweise vor, dass Kunden zum gleichen Thema von verschiedenen

Unternehmensbereichen völlig verschiedene Preisangebote erhielten, je nachdem, wo sie gerade angefragt hatten.

Dass es trotz dieser ungünstigen Voraussetzungen dennoch möglich war, eine neue, einheitliche Ausrichtung einzuführen, wird insbesondere der damaligen, neuen Vorstandsvorsitzenden zugeschrieben, deren Persönlichkeit sich deutlich vom bisherigen Management unterschied und die als Protagonistin für gelebte transformationale Leadership gelten kann. Ihre Persönlichkeit entsprach dem damals neuen Zeitgeist: weg von autoritärer Führungskultur, hin zu einem kooperativen, vertrauensbasierten Ansatz. Sie war in ihrem authentischen Auftreten in erster Linie Mensch und nicht Vorstand, konnte somit Menschen für sich und ihre Vision gewinnen und brachte Schwung in den schwerfälligen „Konzern-Tanker". Die Tränen der Rührung sind unvergessen, die sie vor der Führungsmannschaft auf der Bühne zeigte, als in einem Teambuilding-Event der neuen Vorstandschefin mannigfach authentisch und von Herzen für ihr Wirken gedankt wurde.

Der Wechsel an der Führungsspitze war die entscheidende Initialzündung und setzte einen über Jahre andauernden Veränderungsprozess in Gang, der aber schon nach kurzer Zeit zukunftsweisende Veränderungen in der Unternehmenskultur hervorbrachte und sich auch finanziell positiv niederschlug. Es wurde insgesamt eine vollständig neue Führungskultur erschaffen. Zahlreiche Maßnahmen entwickelten dabei eine positive Eigendynamik, wie z. B. die Ausrufung eines Wettbewerbs zur Thematik: „Wer setzt die neue Unternehmensstrategie am besten um?" Dieses wenig kostenintensive Kommunikationsinstrument entfachte eine unternehmensweite Aufbruchsstimmung, die die jeweiligen Teams dazu brachte, die neue Strategie mit viel Engagement und Eigeninitiative in ihren Bereichen umzusetzen und zugleich mit innerem Commitment mitzutragen. Wochenlang feilten die Unternehmensbereiche im Team an den Powerpoint-Folien zur Wettbewerbs-Einreichung und wuchsen dadurch auch als Teams enger zusammen. Und dies, obwohl es keine materiellen Prämien gab, sondern „lediglich" die Auszeichnung als Sieger in einer großangelegten, eigens dafür veranstalteten Zeremonie. Diese Prämierung der Gewinner war dann ein besonders schöner Anlass, mit allen Teams zusammen zu kommen und gemeinsam mit tausenden von Kollegen zu feiern.

Eine weitere zentrale Maßnahme war die unternehmensweite „Sensor-Initiative". Als „Sensors" wurden hier junge „High-Professionals" bezeichnet, die an Management-Meetings aller Ebenen, vom Middle- bis zum Upper-Managemt, teilnahmen und dem Executive Board in regelmäßigen Abständen über Herausforderungen des Managements bei der Umsetzung der neuen Strategie berichteten. Auf diese Weise sollten die „Oberen" für operative Schwierigkeiten bei der Implementierung der neuen Strategie sensibilisiert werden, die ihnen ansonsten fern sind. Auch unterstützten die Sensors umgekehrt die unteren Ebenen bei der Umsetzung der aus der neuen Strategie abgeleiteten Maßnahmen. So entstand ein Miteinander, bei dem sich, unabhängig von der Hierarchie, die Kollegen und Mitarbeiter für den gemeinsamen unternehmerischen Erfolg einsetzten. Die anfängliche Skepsis des mittleren Managements hinsichtlich der Sensors konnte nach den ersten positiven Ergebnissen der Initiative schnell ausgeräumt werden.

5.3 Lessons Learned: Herausforderungen und Lösungsansätze

Die Herausforderungen im Rahmen von Unternehmenswachstum stellen sich je nach Lebenszyklusphase des Unternehmens unterschiedlich dar (Abschn. 5.1) und werden aus diesem Grund getrennt nach ausgehender Pionierphase und ausgehender Differenzierungsphase – auch Spannungsphase genannt – dargestellt.

5.3.1 Erfolgreiche Überwindung der Pionierphase

Am Ausgang der Pionierphase kommt es üblicherweise zu einer Überforderung des Pioniers bzw. Unternehmensgründers, der ob der gewachsenen Größe des Unternehmens nicht mehr alle Fäden in der eigenen Hand halten kann, egal ob es sich um die Betreuung von Kunden oder eher operative Entscheidungen zu den einzelnen Unternehmensfunktionen handelt. Es ist deshalb zumeist – auch für den Pionier – offensichtlich, dass sich etwas ändern muss und Organisationsstrukturen und Prozesse professionalisiert werden müssen. Dies kann gegebenenfalls auch die Hinzuziehung externer Expertise in Form erfahrener Führungskräfte oder spezialisierter Coaches bedeuten. Trotz dieser Einsicht ist die Akzeptanz bei allen Betroffenen, einschließlich des Pioniers selbst, nicht notwendigerweise gegeben, wodurch sich drei charakteristische Herausforderungen ergeben.

> **Herausforderungen bei der Professionalisierung von Unternehmen**
>
> - Nicht-Loslassen durch den Pionier
> - Nicht-Akzeptanz neuer Strukturen durch die „Ur-Belegschaft"
> - Integrationsprobleme von Externen

1. *Nicht-Loslassen durch den Pionier:* Gründern fällt es in aller Regel und durchaus nachvollziehbar schwer, Entscheidungskompetenzen in dem von ihnen aufgebauten Unternehmen abzugeben, das wie ein eigenes „Baby" betrachtet wird. Das Unternehmen stellt einen wesentlichen Teil des Eigentums dar, den man oft unter Inkaufnahme von Risiken selbst aufgebaut und gestaltet hat. Ein Festhalten des Gründers am „alles selbst bestimmen und erledigen zu wollen" führt aber schließlich zu einer Überforderung der eigenen Person und damit auch zu Nachteilen für die weitere Unternehmensentwicklung (siehe dazu die Fallstudie in Abschn. 5.2.1). Zudem geht Wachstum in aller Regel mit einer Aufstockung des Personals einher und erfordert vor allem zunehmend auch hochqualifizierte Fach- und Führungskräfte. Gerade aber diese neu hinzukommenden, qualifizierten Arbeitskräfte empfinden ein Arbeitsumfeld, indem sie wenig Entscheidungskompetenz bekommen, als wenig attraktiv. Nicht selten kommt es hier zu großen Fluktuationen und Führungskräfte verlassen das Unternehmen rasch wieder. Der wesentliche Ansatzpunkt zur Überwindung dieser Herausforderungen stellt die Person des Gründers selbst dar. Bei ihr muss zunächst Überzeugungsarbeit geleistet werden, dass Veränderungen der Strukturen im Sinne einer stärkeren Professionalisierung notwendig sind. Dies umfasst vor allem die Festlegung einer Aufbauorganisation mit unterschiedlichen

Funktionsbereichen, denen Entscheidungskompetenzen übertragen werden. Wie in der Fallstudie in Abschn. 5.2.1 gesehen, bietet sich hier die Inanspruchnahme eines gezielten Coachings seitens der Gründerperson an. Ein Baustein dieses Coachings kann dabei ein zeitweises Job-Shadowing bei einem anderen Gründer sein, der diese ausgehende Pionierphase bereits erfolgreich überwunden hat. Diese Maßnahmen setzen aber voraus, dass überhaupt Einsicht beim Gründer vorhanden ist. Wenn Sie sich also als Gründerperson in einer solchen Situation befinden, so sollten Sie selbstkritisch reflektieren:

a. Ob bereits typische Probleme der ausgehenden Pionierphase, wie etwa auch das Gefühl, der Menge der Aufgaben nicht mehr gewachsen zu sein, vorliegen?
b. Ob bereits Nachteile für die Entwicklung des Unternehmens zu sehen sind und vermehrt Konflikte mit qualifizierten Mitarbeitern aufgetreten sind oder neu eingestellte Kräfte nicht lange im Unternehmen verbleiben?
c. Ob es Ihnen persönlich schwerfällt, Entscheidungen zu delegieren und ob Sie bisweilen nicht vorschnell Vorschläge anderer abgelehnt haben?

Sofern Sie sich in dieser selbstkritischen Analyse wiederfinden, ist die Inanspruchnahme eines Coachings oder einer in dieser Angelegenheit erfahrenen Beratung eine sinnvolle Vorgehensweise. Bei der Suche und Auswahl können Sie die Tipps aus Abschn. 2.1.9 („Auf die sorgfältige Auswahl kommt es an") berücksichtigen.

2. *Nicht-Akzeptanz von neuen Strukturen durch die „Urbelegschaft":* Nicht nur Unternehmensgründer haben oft Schwierigkeiten, einen Wandel des Unternehmens in Richtung Professionalisierung zu akzeptieren, das trifft auch auf diejenigen Teile der Belegschaft zu, die von Anbeginn an das Unternehmen mit aufgebaut haben. Hier steht nicht selten die Angst vor dem Verlust der familiären Atmosphäre eines Gründerunternehmens und die Etablierung einer bürokratischen, anonymen Organisation (siehe Fallstudie in Abschn. 5.2.1) oder einer Organisation, die nach neuen einheitlichen Regeln funktioniert (siehe Fallstudie in Abschn. 5.2.2), im Vordergrund.

Erfolgsfaktoren zur Überwindung dieser Ängste und daraus resultierender Widerstände sind vor allem Person (Abschn. 2.1.2) und Partizipation (Abschn. 2.1.5), aber auch Re-Edukation spielt eine Rolle (Abschn. 2.1.7). Im Einzelnen bieten sich folgende Ansatzpunkte zu diesen Erfolgsfaktoren an:

– *Der Gründer als Rollenvorbild:* Sofern der Bewusstseinswandel der Gründerperson erfolgreich realisiert wurde (s. Punkt 1 oben), ist es Aufgabe der Gründerperson(en), die neuen Strukturen und Prozesse konsequent vorzuleben (siehe dazu auch die Fallstudie in Abschn. 5.2.2). Die Bedeutung der Vorbildfunktion der Top-Führungskräfte für Wandel wurde in Abschn. 2.1.2 bereits herausgearbeitet und ist hier besonders maßgeblich, da der Gründer gerade für die Urbelegschaft typischerweise die Rolle des charismatischen Vorbilds einnimmt.

– *Partizipation zur Verminderung von Widerständen:* Um aber bei den Mitarbeitern, vor allem den langjährigen, eine Bereitschaft zur Veränderung von Strukturen und Prozessen zu schaffen und Gewohntes zu verändern, ist zudem Partizipation ein ganz entscheidender Faktor. Alle Hierarchieebenen sollten deshalb bei der Ausgestaltung der neuen, professionelleren Strukturen beteiligt werden, damit Reaktanz (Abschn. 1.4.2) und daraus resultierende Widerstände vermieden werden (siehe hierzu die Fallstudien Abschn. 5.2.2 und 5.2.3). Die Partizipation kann dabei dem Gärtner-Ansatz folgen (Abschn. 2.1.5) und Mitarbeiter vor allem dort beteiligen, wo ihre ureigenen Aufgaben betroffen sind. Vorab-Trainings bzw. -Schulungen zu den neuen Prozessen fördern das Kompetenzerleben und beugen Überforderung vor und sind als unterstützende Elemente deshalb genauso hilfreich wie die Organisation eines regelmäßigen Erfahrungsaustauschs zu neuen Prozessen (siehe hierzu die Fallstudien Abschn. 5.2.2 und 5.2.1)

3. *Integrationsprobleme neuer, extern hinzukommender Expertise oder Funktionsbereiche:* Wachstum und Professionalisierung erfordern nicht selten die Rekrutierung qualifizierter Kräfte von außerhalb (siehe hierzu die Fallstudie Abschn. 5.2.3) und/oder die Gründung komplett neuer Funktionsbereiche (siehe hierzu die Fallstudie

Abschn. 5.2.4). Die in diesem Zusammenhang gewonnen neuen Kräfte sollen Fachexpertise einbringen, aber auch als Rollenmodelle für eine nun professionalisierte Unternehmenskultur dienen. Von der Urbelegschaft werden sie aus diesem Grund nicht selten zunächst ablehnend und mit Argwohn betrachtet. Bei der Überwindung dieser Vorbehalte steht der Erfolgsfaktor Integration (Abschn. 2.1.6) im Vordergrund. Dazu sollten zunächst die Ziele, die mit neuen Funktionsbereichen oder neuem Personal angestrebt werden, durch das Management an alle klar kommuniziert werden. Dabei ist die strategische Wichtigkeit der Einführung dieser neuen Funktionalitäten herauszustellen bzw. die Konsequenzen, die ein „weiter so" hätte (siehe hierzu die Fallstudie in Abschn. 5.2.4). Werden ganz neue Funktionen aufgebaut, wie etwa der Vertrieb in der Fallstudie aus Abschn. 5.2.3 oder die Personalentwicklung in der Fallstudie aus Abschn. 5.2.4, so kann die Integration durch das Abhalten gemeinsamer Workshops gezielt gefördert werden, in denen Zielsetzung und Zusammenarbeit mit den bestehenden Bereichen gemeinsam erarbeitet werden. Geht es um die Integration von Einzelpersonen, so ist eine konsequente Mischung von neuem und altem Personal in Arbeits- und Projektgruppen zu empfehlen. Am besten sind hier kleine Gruppen oder sogar Tandems bestehend aus nur zwei Personen, denn je kleiner die Gruppe ist, umso mehr ist man gezwungen (konstruktiv) mit der „anderen" Person zusammenzuarbeiten und Vorurteile durch persönliche Erfahrungen zu ersetzen. Bei größeren Gruppen besteht hingegen die Gefahr der Konfrontation zwischen den Subgruppen „alt" und „neu", bei denen sich vor allem Mitglieder der bisherigen Belegschaft in ihren Vorurteilen gegenüber den Neuen gegenseitig bestätigen können.

5.3.2 Erfolgreiche Überwindung der Spannungsphase

Die Spannungsphase als Auswirkung eines organisatorisch zu sehr ausdifferenzierten und bürokratisierten Unternehmens ist vor allem durch ein Auseinanderdriften der Unternehmensbestandteile, etwa der einzelnen Funktionsbereiche oder Divisionen, gekennzeichnet, die dann in erster Linie nur noch Eigeninteressen verfolgen. Die generelle Herausforderung besteht in diesen Fällen darin, ein Stück weit wieder die familiäre Atmosphäre des Pionierunternehmens zu schaffen, aber auf einem höheren Level. Das bedeutet, dass nach der Transformation eine Atmosphäre der offenen Kommunikation und Information vorherrschen sollte, man sich wieder kennt und miteinander spricht und aus der Verfolgung von Eigeninteressen resultierende Konflikte durch ein Miteinander im Hinblick auf eine geteilte Unternehmensvision ersetzt werden.

Herausforderungen beim Überwinden der Spannungsphase

- Mangelnde Kommunikation zwischen Abteilungen oder Funktions- und Unternehmensbereichen
- Konflikte zwischen internen Bereichen oder Gruppen

Im Einzelnen stellen sich die hier typischerweise auftretenden Herausforderungen und Ansätze zu deren Überwindung wie folgt dar:

- *Synergieverluste durch mangelnde Kommunikation:* Mangelnde Kommunikation zwischen Abteilungen führt in aller Regel zu Synergieverlusten oder dazu, dass bestehende Chancen nicht genutzt werden (siehe etwa dazu die Fallstudien Abschn. 5.2.5 und 5.2.6). Zur Überwindung dieses Zustands steht naturgemäß der Erfolgsfaktor Kommunikation an erster Stelle (Abschn. 2.1.4). Alle Maßnahmen, die die Kommunikation untereinander fördern, sind hier nützlich. Möglichkeiten, die Kommunikation zu fördern, sind u. a.:

  a) Die Gestaltung der Räumlichkeiten, sodass mehr Möglichkeiten für – auch zufällige – Begegnungen geschaffen werden. Kaffee- bzw. Sitzecken bieten sich hier an oder auch eine offenere Architektur, z. B. mit Glastüren.

  b) In großen Unternehmen reichen bauliche Maßnahmen aber nicht aus, da die räumliche Distanz zwischen Bereichen und Abteilungen oft zu groß ist. Deswegen sollten hier auch digitale

Möglichkeiten des Austauschs wie die Einführung eines Social Intranets (Lauer, 2019) oder von Collaboration Tools (siehe Fallstudie in Abschn. 5.2.5) ergriffen werden. Man sollte sich aber bewusst sein, dass neben der Einführung von Tools auch eine Veränderung der Kultur vonnöten ist, damit diese Tools überhaupt im Sinne einer offenen, konstruktiven Kommunikation genutzt werden. Hier eignen sich freiwillige Pilot-User als Mittel des Kulturwandels, die als Vorreiter und Rollenvorbilder die Aufgabe als Change Agents wahrnehmen können und authentische „Werbung" für die neuen Tools betreiben und somit einen Diffusionsprozess im Unternehmen initiieren.

c) Neben diesen Möglichkeiten des regelmäßigen Austauschs bietet es sich an, in größeren Abständen Events zu veranstalten, bei denen Vertreter aller Unternehmensbereiche und Hierarchieebenen zusammenkommen. Ein Projektinformationsmarkt (Lauer, 2019), bei dem sich Projekte oder Abteilungen in Form von Messeständen gegenseitig vorstellen und der mit Rahmenprogramm geschmückt ist, stellt ein solches Instrument dar.

- *Konflikte zwischen Bereichen oder Gruppen:* Wie der Name „Spannungsphase" bereits suggeriert, ist die ausgehende Differenzierungsphase des Unternehmenslebenszyklus durch Konflikte zwischen Organisationseinheiten des betroffenen Unternehmens gekennzeichnet. Solche Konflikte können bisweilen offen zutage treten und führen dann nicht nur zu Synergieverlusten, sondern auch zu Sabotage, etwa durch bewusstes Zurückhalten oder Verfälschen von Informationen. Entscheidend zur Überwindung dieser Konflikte ist hier der Erfolgsfaktor Person (Abschn. 2.1.2). Nicht selten erfordert dies das Auswechseln der Top-Führungskräfte oder zumindest von denjenigen Teilen dieser Hierarchieebene, die für diese (Un-)Kultur besonders stehen. Über eine gezielte Veränderung der Führungskultur kann dann versucht werden, eine wieder stärker kooperative Unternehmenskultur zu initiieren, wie es sich etwa in der Fallstudie in Abschn. 5.2.6 eindrucksvoll zeigt. Diese neue Führungskultur muss im Sinne der Leadership führen (Hinterhuber & Krauthammer, 2014)(Lauer, 2016). Das bedeutet, anstatt auf Planung, hierarchische Anweisung und Kontrolle zu setzen, vor allem wieder Eigeninitiative, Kreativität und Zusammenarbeit zu fördern und insgesamt eine Aufbruchsstimmung erzeugen.

Erfolgsfaktoren im Rahmen des Managements von Unternehmenswachstum

Die folgenden Erfolgsfaktoren stehen im Rahmen des Managements von Unternehmenswachstum und –professionalisierung im Vordergrund:

- *Person:* Unternehmenswachstum erfordert in bestimmten Phasen die komplette organisatorische und kulturelle Neuausrichtung des Unternehmens. Führungskräfte sind hier als Vorbilder gefragt, die das neue Denken und Handeln authentisch vorleben.
- *Kommunikation:* Eine innere Neuausrichtung des Unternehmens bedeutet Abschiednehmen von gewohnten Routinen. Dieses muss kommunikativ gut begründet werden, um Widerstände zu verringern.
- *Partizipation:* Widerstände gegen neue Strukturen und Prozesse fallen geringer aus, wenn Mitarbeiter und Führungskräfte in die konkrete Neugestaltung ihres unmittelbaren Verantwortungsbereichs einbezogen werden.
- *Re-Edukation:* Neue Prozesse erfordern zum Teil neue Fähigkeiten und Kompetenzen. Ein gezieltes Schulungsprogramm soll hierauf vorbereiten und somit Ängste vor Überforderung nehmen.
- *Integration:* Wachstum kann die Rekrutierung von bisweilen kritisch beäugten Externen erforderlich machen oder gar zu Konflikten zwischen Unternehmensbereichen führen. In beiden Fällen ist eine aktive Integration der Gegenpole erforderlich, um eine konstruktive Zusammenarbeit zu ermöglichen und die vollen Potenziale des Unternehmens auszuschöpfen.

Ihr Transfer in die Praxis

- Gehen Sie als Führungskraft als Vorbild voran und leben Sie die gewünschte neue Organisationskultur vor.
- Beugen Sie Widerständen gegen die Neuausrichtung vor, indem Sie die Notwendigkeit vorab gut begründen und die Betroffenen am Wandel ihres unmittelbaren Arbeitsbereichs aktiv beteiligen.
- Bereiten Sie die betroffenen Mitarbeiter durch proaktive Trainingsmaßnahmen auf neue Herausforderungen vor.

Literatur

Hinterhuber, H. H, & Krauthammer, E. (2014) *Leadership – mehr als Management. Was Führungskräfte nicht delegieren dürfen* (5. Aufl.). Springer Gabler.

Lauer, T. (2016). *Unternehmensführung für Dummies*. Wiley VCH.

Lauer, T. (2019). *Change Management. Grundlagen und Erfolgsfaktoren* (3. Aufl.). Springer Gaber.

Lievegoed, B. C. J. (1974) *Organisationen im Wandel*. Haupt.

6

Wandel im Rahmen von Unternehmensnachfolge

Fallstudien zur Übergabe von Unternehmen und was sie uns lehren!

Thomas Lauer, Kathrin Zuber, Nicole Zieger

„Die Sicherung der Nachfolge ist die größte unternehmerische Leistung"

Reinhard Mohn (Gründer des Bertelsmann-Konzerns)

Was Sie aus diesem Kapitel mitnehmen

- Aktuelle Praxiseinblicke zum Management von interner und externer Unternehmensnachfolge.
- Was typische Herausforderungen der Unternehmensnachfolge aus Sicht der Beteiligten Personen sind.
- Was in der Praxis geholfen hat, die Akzeptanz der Nachfolger bei den Mitarbeitern zu verbessern.
- Was in der Praxis geholfen hat, die Konflikte zwischen den Generationen abzumildern.

Unternehmensnachfolge betrifft in ganz besonderem Maße den Mittelstand, aber auch größere Unternehmen, wenn diese unter die Kategorie der Familienunternehmen fallen. Unternehmensnachfolge gehört zu

© Der/die Autor(en), exklusiv lizenziert durch Springer-Verlag GmbH, DE, ein Teil von Springer Nature 2021
T. Lauer, *Quick Guide Change Management für alle Fälle*, Quick Guide, https://doi.org/10.1007/978-3-662-64237-5_6

den kritischen Ereignissen im „Leben" eines Unternehmens. Wie jede Krise birgt auch die Nachfolge Risiken und Chancen zugleich, wie unten zu sehen sein wird.

6.1 Formen und Bedeutung von Unternehmensnachfolge

Unternehmensnachfolge soll hier in einem engeren Sinne verstanden werden und findet dann statt, „…wenn ein Eigentümergeschäftsführer die Leitung seines Unternehmens aus persönlichen Gründen abgibt." (Kay et al., 2018). Eigentümergeschäftsführer gibt es vor allem im Mittelstand, der nach allgemeiner EU-Definition Unternehmen umfasst, die maximal 250 Mitarbeiter besitzen und deren Jahresumsatz die 50 Mio. Euromarke nicht übersteigt (Junker & Griebsch, 2017). Allerdings existieren auch Unternehmen, deren Umsatz jenseits der Milliardengrenze liegt, die trotz dieser Größe aber im Wesentlichen im Familienbesitz befindlich sind und bei denen sich das Nachfolgeproblem ebenfalls stellt. Entsprechende Beispiele aus der jüngeren Vergangenheit, bei denen Nachfolgefragen relevanten Einfluss auf die Unternehmenspolitik hatten, sind etwa der Süßwarenhersteller Haribo oder der Textilhändler C&A.

Bezüglich der Formen der Unternehmensnachfolge kann in eine interne und externe Nachfolge unterschieden werden. Dabei lässt sich die interne Nachfolge nochmals in eine familieninterne – die Nachfolgeperson ist ein Familienmitglied – und eine unternehmensinterne – die Nachfolgeperson war vorher bereits im Unternehmen (oft in leitender Stellung) beschäftigt – differenzieren. Nach aktuellen Schätzungen des Instituts für Mittelstandsforschung Bonn (IfM) gibt die Hälfte der vor der Nachfolgefrage stehenden Familienunternehmen ihr Unternehmen innerhalb der Familie weiter. Etwa 18 % der Familienunternehmen werden von Mitarbeitern übernommen und die restlichen 29 % an Externe verkauft (Kay et al., 2018). Dabei ist die Weitergabe innerhalb der Familie zunächst die bevorzugte Variante, scheitert in der Praxis aber nicht selten daran, dass keine

familieninternen Nachfolger vorhanden sind, diese einen anderen Aus-
bildungsweg gewählt haben oder schlichtweg kein Interesse an der
Übernahme haben (Brückner, 2011).

Da es in diesem Buch um die „weichen" Aspekte der Unternehmensnachfolge geht, also vor allem die Herstellung von Akzeptanz seitens der
Belegschaft und durch den Vorgänger, wird hier nicht weiter danach
unterschieden werden, wie die Nachfolge rechtlich geregelt ist, also ob
z. B. bei externer Nachfolge eine Eigentumsübertragung oder nur eine
Verpachtung stattfindet oder z. B. eine Familienholding gegründet wird
(hierzu mehr bei (Scherer, 2020)).

Amtliche Statistiken zur Nachfolgeproblematik fehlen, jedoch nimmt
das IfM Bonn seit Mitte der 1990er Jahre Schätzungen zur Anzahl der
Unternehmen in Deutschland vor, die vor einer Übergabe stehen. Für
den Zeitraum 2018 bis 2022 kommt das IfM zum Ergebnis, dass etwa
150.000 Unternehmen mit rund 2,4 Mio. Beschäftigten zur Übergabe
anstehen. Darunter befinden sich auch zahlreiche Kleinstunternehmen,
die überwiegende Anzahl aber befindet sich in der Umsatzklasse von
250.000 bis 10 Mio. Euro Jahresumsatz. Und immerhin noch ca. 800
der von einer Nachfolge betroffenen Unternehmen weisen mehr als
50 Mio. Euro Jahresumsatz auf. Trotz oftmals anderslautender Ver-
mutungen rechnet das IfM Bonn nicht mit einer generellen Nachfolge-
lücke (Kay et al., 2018). Die Frage stellt sich jedoch, ob die erfolgten
Nachfolgeregelungen selbst als erfolgreich zu bezeichnen sind. Wenn es
auch keine belastbaren Zahlen zum Erfolg und Misserfolg von Unternehmensnachfolge gibt, so ist nach Einschätzung von Praktikern
ein Scheitern nicht selten und beim Scheitern spielen oft Konflikte
zwischen dem ursprünglichen Eigentümer und den Nachfolgepersonen
eine Rolle. Dies betrifft dabei sowohl die familieninterne, unternehmensinterne als auch externe Nachfolge (Jansen, 2018)(o. A., 2016).

6.2   Fallstudien zur Unternehmensnachfolge

Unternehmensnachfolge kann, wie in Abschn. 6.1 gesehen, vor
allem in eine externe und eine (familien-)interne Nachfolge unterteilt werden. Im Folgenden wird zu beiden Fällen je eine Fallstudie

vorgestellt. Grundsätzlich sind die Herausforderungen bei der internen und externen Nachfolge ähnlich, dies betrifft vor allem die Schwierigkeit der Gründerpersonen, das von ihnen aufgebaute Unternehmen loszulassen. Dieser Aspekt zeigt sich entsprechend auch in den beiden hier vorgestellten Fallstudien, steht beim Beispiel zur internen Nachfolge (siehe dazu Abschn. 6.2.1) aber ganz besonders im Fokus. Bei der externen Nachfolge kommt die spezifische Schwierigkeit hinzu, eine geeignete Nachfolgeperson zu finden, die breite Akzeptanz vonseiten der Gründungsperson als auch der Belegschaft genießt (siehe hierzu Abschn. 6.2.2).

6.2.1 Fallstudie: Interne Unternehmensnachfolge in der Lebensmittelindustrie

Kathrin Zuber (Nachfolgerin)

Diese Fallstudie beschreibt die Situation in einem mittelständischen Unternehmen des lebensmittelproduzierenden Gewerbes, wie sie mit ihren spezifischen Herausforderungen oftmals im deutschen Mittelstand anzutreffen ist. Das Unternehmen wurde vor 45 Jahren durch einen Konditor gegründet, einen echten „Self-made-Man". Er hat das heute 80 Mitarbeiter zählende Unternehmen zu einem Jahresumsatz von 6 Mio. Euro Umsatz gebracht und dabei selbst alle Abteilungen im Unternehmen durchlaufen. Sein Führungsstil kann als traditionell-patriarchisch beschrieben werden und entsprechend schwer duldet er andere Meinungen. Mittlerweile ist der Unternehmensgründer 70 Jahre alt. Zwei seiner Kinder, eine Tochter und ein Sohn, die beide seit vielen Jahren im Unternehmen mitarbeiten, sollen die Nachfolge im Unternehmen sicherstellen.

Die Tochter ist mittlerweile 43 Jahre alt, hat ein BWL-Studium samt Auslandsaufenthalt absolviert und ist seit 15 Jahren für die komplette Verwaltung des Unternehmens zuständig. Nach der Geburt von zwei Kindern ist sie derzeit nur halbtags im Unternehmen tätig. Der Sohn hat seine Ausbildungszeit in der unternehmenseigenen Schlosserei verbracht und ist mit seinen 35 Jahren bereits seit fast 20 Jahren im

Bereich der Produktion tätig. In dieser Zeit hat er auch Einblicke in viele andere Abteilungen erhalten. Eigentlich sind die Kinder also bestens auf die Nachfolge vorbereitet, sie verstehen sich zudem untereinander und ergänzen sich gut. Auch sind sie sich im Hinblick auf die Zukunftsplanungen des Unternehmens einig.

Als die Kinder in jungen Jahren ins Unternehmen kamen, kündigte der Vater an, er wolle sich mit 60 Jahren langsam in den Ruhestand verabschieden. Also setzten die Kinder alles daran, sich auf diesen Tag bestmöglich vorzubereiten. Als dieses Datum näherkam, wurde die Übergabe vonseiten des Vaters immer wieder mit dem Argument verschoben, „die Kinder seien noch nicht so weit". Nun, mit seinen über 70 Jahren, ist der Seniorchef nach wie vor ganztags vor Ort und trifft weitgehend alle Entscheidungen selbst. Unbestreitbar ist, dass das Unternehmen nach wie vor von seiner Erfahrung profitiert. Anderseits hatten sich die Kinder auf die Übernahme vorbereitet und stehen schon seit 10 Jahren in den Startlöchern. Das ständige Hin und Her bremst zunehmend deren Motivation und Einsatzwillen. Mögliche Verbesserungen und Neuerungen für das Unternehmen, die auf Ideen der beiden potenziellen Nachfolger beruhen, werden so verzögert.

Auch für die Belegschaft ist die Situation nicht einfach. Der Seniorchef kündigte schon mehrfach an, er würde bald in Rente gehen und seine Kinder würden dann „den Ton angeben". Später aber ruderte er dann immer wieder zurück und traf wichtige Entscheidungen nach wie vor selbst. Dies hat zu einer Verunsicherung der Mitarbeiter geführt, da sie nicht mehr wissen, auf wen sie letztlich hören sollen. Erschwerend kommt hinzu, dass es keine gute Kommunikationskultur zwischen Vater und Sohn im Sinne eines offenen, konstruktiven Austauschs gibt. Als Folge davon wurden die Konflikte häufig über die Mitarbeiter ausgetragen. Diese Situation war zeitweise sehr belastend und es wurde eine zunehmende Unzufriedenheit spürbar.

Vor zwei Jahren schaltete der Seniorchef dann einen Unternehmensberater ein, der bei der Übergabe unterstützen sollte. In einer einwöchigen Beratung wurden zunächst 6 führende Mitarbeiter befragt, wie sie die Lage im Unternehmen einschätzen. Diese bestätigten weitgehend die oben beschriebene Situation. Der Vater bekam auf Basis dieser Analysen zur Auflage, sich zurückzuziehen und den Kindern mehr zuzutrauen. Seine Rolle sollte nur noch eine beratende sein. Bisher funktioniert dieser Rollenwandel allerdings nicht wie geplant, möglicherweise auch deshalb, weil der Unternehmensgründer mit „Herz und Seele" am Unternehmen hängt und auch kaum andere Freizeit-Interessen hat.

Die wirtschaftliche Situation des Unternehmens ist trotz der Übergangsprobleme bestens. Die Produkte erfreuen sich großer Beliebtheit und haben sich als krisensicher herausgestellt. Das Unternehmen hat langjährige, treue Mitarbeiter und eine gut funktionierende Verwaltung mit einem exzellenten Verkaufsteam. Durch einen Neubau des Firmengebäudes, der 2013 bezogen wurde, ist die räumliche Situation äußerst modern und komfortabel. Ein florierender Werksverkauf rundet die wirtschaftliche Erfolgsgeschichte des Unternehmens ab. Es bleibt jedoch abzuwarten, wie die Situation in der Unternehmensführung weitergeht. Denn die Spannungen zwischen den Familienmitgliedern sind sehr aufreibend und kosten dem kompletten Unternehmen viel Energie.

Was auch noch der endgültigen Klärung bedarf, ist die Aufgabenverteilung der nachfolgenden Kinder untereinander, wenn der Unternehmensgründer einmal nicht mehr da ist. Vor allem bleibt offen, wer die Hauptverantwortung im Unternehmen tragen soll. Ursprünglich war vom Vater stets die Tochter als Hauptverantwortliche vorgesehen, was anfangs auch gut funktionierte. Mit der eigenen Familie und den Kindern wurde das für die Tochter jedoch zunehmend schwieriger. Zusammen mit dem Unternehmensberater wurde deshalb ein weiterer Vorschlag erarbeitet, der möglicherweise eine gute Alternative darstellen könnte. Dieser zielt auf die Einbindung eines langjährigen Mitarbeiters, der ebenfalls für die Unternehmensführung infrage kommen könnte. Er ist Vertriebsleiter im Unternehmen und versteht sich mit allen Familienmitgliedern gut. Mit ihm und den beiden Kindern könnte so ein Team aus drei Geschäftsführern gebildet werden, die jeweils für verschiedene Bereiche zuständig sind. Wichtige Entscheidungen müssten so im Team getroffen werden und die Verantwortung wäre geteilt. Derzeit ist die Ausgestaltung dieses Prozesses noch offen und es bleibt zu hoffen, dass die Unternehmensnachfolge schließlich so geregelt wird, dass der Fortbestand des Unternehmens bestmöglich sichergestellt ist.

6.2.2 Fallstudie: Externe Unternehmensnachfolge bei einem traditionellen Mittelständler

Nicole Zieger (Beraterin für Business Transformation und Nachwuchsführungskräfteentwicklung)

Die folgende Fallstudie betrachtet eine Situation, die sich in der mittelständisch geprägten deutschen Unternehmenslandschaft mannigfach ereignet, selten jedoch so vorausschauend gemanagt wird.

Das hier betrachtete mittelständische Unternehmen ist ein Traditionsbetrieb der verarbeitenden Stahlindustrie, das sich seit seiner Gründung in den 1960er Jahren in Familienbesitz befand. Die Leitung des Unternehmens wurde viele Generationen an die Nachkommen weitergegeben, jedoch war in der kommenden Generation kein interessiertes Familienmitglied mehr zu finden. Ein Verkauf der Firma sollte aber im Interesse der Familie wie auch der Belegschaft vermieden werden. Versuche, geeignete Nachfolger aus der Belegschaft zu rekrutieren, schlugen jedoch ebenso fehl, wie die Installation eines externen Geschäftsführers, gegen den sich die Belegschaft dermaßen wehrte, dass er bereits nach kurzer Zeit von selbst ging. Erfreulicherweise konnte man aber nach einiger Zeit erneut einen geeigneten, jungen Nachfolgekandidaten gewinnen. Da der Eigentümer bereits die 70 überschritten hatte und einen neuerlichen Fehlversuch nicht riskieren wollte, entschloss er sich, externe Unterstützung in Form eines Coachings für die Übergabephase in Anspruch zu nehmen.

Mithilfe des Coachings sollte die Übergabe an den externen jungen Nachfolger ermöglicht und für eine gute Aufnahme im Unternehmen gesorgt werden. Hierbei ging es vor allem um die Erzeugung von Committment seitens der Belegschaft und die Abstimmung der Rollen und Ziele zwischen altem und neuem Geschäftsführer. Beide Aspekte erwiesen sich dabei als besondere Herausforderung. So bestand einerseits die Gefahr, dass der neue, junge Geschäftsführer vor allem von der älteren, schon lange im Hause weilenden Belegschaft nicht akzeptiert würde, andererseits erwiesen sich die Vorstellungen zur weiteren Unternehmensentwicklung zwischen dem Eigentümer und seinem externen Nachfolger, der eine Reihe neuer Ideen mitbrachte, als nicht vollständig kongruent. Belegschaft und Eigentümer trieb zudem die Sorge um, dass der externe Geschäftsführer eventuell eher Eigeninteressen verfolgen könnte, als an das langfristige Wohl des Unternehmens zu denken. Um die Widerstände seitens der Belegschaft nicht unnötig anzufachen, beschloss man, zunächst die inhaltlichen Differenzen von Alt- und Neugeschäftsführer zu glätten, um dann mit einer gemeinsamen Vision zur Zukunft des Unternehmens vor der Belegschaft auftreten zu können. Denn, so die berechtigte Befürchtung, ein Zwiespalt zwischen der neuen und alten Führung würde sofort auf die Belegschaft überspringen und dem neuen Geschäftsführer die Akzeptanz nahezu unmöglich machen.

In dieser ersten Übergangsphase galt es vor allem, die Angst des alten Geschäftsführers zu mindern, dass kein Stein auf dem anderen bleiben würde. Gleichzeitig sollte dem neuen Geschäftsführer sein Enthusiasmus und Schwung nicht genommen werden. Wesentlich dafür, dass in solch einer Situation beides gelingen kann, sind Wertschätzung und Anerkennung für beide Personen und damit auch für beide Zeiten, die Vergangenheit des Unternehmens und seine Zukunft. Der angestrebte Wandel, etwa eine stärkere Digitalisierung des Unternehmens, sollte also das Bisherige nicht als schlecht brandmarken, sondern vielmehr Geleistetes als Basis für eine Zukunft wertschätzen. In der Umsetzung waren dafür Werte und Zielsetzungen von neuer und alter Geschäftsführung abzugleichen und eine gemeinsame Richtung zu vereinbaren, die von beiden Seiten aus Überzeugung mitgetragen werden konnte. Dazu wurde mit Hilfe des Coaches wie folgt vorgegangen: Zunächst wurde geschaut, welche Werte welcher Geschäftsführer vertritt und ob diese eine so große Deckungsgleichheit aufweisen, dass sie als gute Startbasis dienen konnten. Dies erwies sich zum Glück als zutreffend. Anschließend wurde auf Basis des Modells der *Reinventing Organisations* von Laloux die derzeitige Unternehmenskultur und die angestrebte Unternehmenskultur des neuen Geschäftsführers klassifiziert. Hier zeigte sich eine größere Abweichung. Somit galt es nun, sich gemeinsame Eckpunkte für eine angestrebte Kultur zu überlegen. Im Hinblick darauf erwies sich das Wissen über die Firma und die Mitarbeiter des alten Geschäftsführers als bedeutende Grundlage, um bei dem Wandel wertschätzend auf dem Bestehenden aufsetzen zu können.

Gleichzeitig konnten aber auch die Impulse und Ideen des neuen Geschäftsführers eingebracht werden. Als Ergebnis ergab sich eine mit der Firma verknüpfte Gesamtstory, die die Vergangenheit ausreichend würdigte und auf dieser Basis gemeinsame Werte und zentrale Eckpfeiler für die Zukunft präsentierte. Dies wurde auch grafisch in Form eines großformatigen Bildes visualisiert. Auf der linken Seite des Bilds war die bisherige Welt des Unternehmens und auf der rechten Seite seine Zukunft zu sehen. Beide Seiten wurden nicht nur durch Brücken verbunden, sondern auch durch Elemente, etwa Wissen und Erfahrung, die von der Vergangenheit in die Zukunft übernommen wurden.

Nachdem mithilfe des Coachings eine einheitliche Sprache, ein gemeinsames Grundverständnis und eine beiderseitig getragene Zukunftsvision erzeugt wurden, ging es nun daran, die Belegschaft bei einem ersten Event auf diesem neuen Weg mitzunehmen. Auftakt dazu war eine Betriebsversammlung, zu deren Auftakt alter und neuer Geschäftsführer gemeinsam die entwickelte „Geschichte" erzählten. Damit wurde Einheit gezeigt und zugleich Begeisterung versprüht. Mit dem Event gelang es, das gesamte Unternehmen als ein Team einzuschwören, vergangene Erfolge zu würdigen und Sicherheit für die Zukunft zu vermitteln. Zugleich wurde deutlich gemacht, dass sich nicht alles ändern wird, sondern die erfahrene Belegschaft die Zukunft selbst mitgestalten soll, wobei die Vision der Geschäftsführer nur die Leitplanke für einen durch die Belegschaft zu füllenden Weg darstellt. Um diesen Weg zu beschreiten und mit Inhalten zu füllen, wurden weitere gemeinsame Workshops in den unterschiedlichen Abteilungen des Unternehmens angekündigt, der dritte Schritt für den geregelten Übergang.

Diese Workshops waren wie folgt aufgebaut: Zunächst berichtete die Belegschaft dem neuen Geschäftsführer, was die Tätigkeiten der Abteilung sind, auf was sie besonders stolz sind, was ihnen die Arbeit schwermacht und welche weiterführenden Ideen sie bereits haben. Der neue Geschäftsführer wurde dabei gebrieft, zunächst nur die Rolle des konzentrierten Zuhörers einzunehmen. In einem zweiten Schritt wurde dann gemeinsam überlegt, was bleiben soll wie es ist, wo zwingend Änderungen notwendig sind und was darüber hinaus als Veränderung noch zukunftsweisend wäre. Auf diese Weise wurde in jeder Abteilung die übergreifende Firmenvision auf ein Set konkreter und anwendbarer Aufgaben heruntergebrochen. Damit in diesem Rahmen keine Erwartungen geweckt wurden, die der neue Geschäftsführer nicht erfüllen konnte, wurde hierbei insbesondere auf die zeitliche Machbarkeit geachtet und diese auch offen mit der Belegschaft angesprochen und diskutiert. Durch diese partizipative Vorgehensweise konnte sich die Belegschaft in die Zukunftsgestaltung mit einbringen, wurde aber auch dazu angehalten, Aufgaben zu übernehmen und somit aktiv an der konkreten Umsetzung mitzuwirken.

Parallel prüfte der neue Geschäftsführer seine eigenen Ideen und Maßnahmenvorschläge in Bezug auf sichtbaren Nutzen und schnelle Umsetzbarkeit. Die so priorisierten Maßnahmen wurden sodann als Quick Wins umgesetzt, um Skeptiker vonseiten der Belegschaft schnell vom neuen Kurs zu überzeugen.

Atmosphärisch von großer Bedeutung erwies sich die Tatsache, dass der neue Geschäftsführer viel persönliche Zeit mit den Mitarbeitenden verbrachte, um eine persönliche Bindung aufzubauen, ansprechbar zu sein und den „Flurfunk" mitzubekommen. Hierzu galt es, sich viel unter die Belegschaft zu mischen und das Gespräch zu suchen, sei es beim Mittagessen, in den Pausenräumen oder an anderen Treffpunkten auf dem Firmengelände. Um die familiäre Atmosphäre des Unternehmens auch in die angebrochene Neuzeit zu transportieren, war dazu unter anderem notwendig, schnell die Namen aller zu lernen, um morgens jeden persönlich begrüßen zu können. Denn genau dies war ein Kern dessen, was die Belegschaft am vormaligen Geschäftsführer geschätzt hat und auch in der Zukunft nicht missen wollte.

Diese Fallstudie zeigt anschaulich, dass Unternehmensnachfolge, als ein sehr häufig auftretendes Ereignis in der mittelständisch geprägten deutschen Unternehmenslandschaft, durch professionelles und konsequent durchdachtes Agieren erfolgreich zum Wohle aller bewältigt werden kann.

6.3 Lessons Learned: Herausforderungen und Lösungsansätze

Unternehmensnachfolge ist ein komplexer Prozess, weil daran immer mindestens drei Seiten beteiligt sind: Die bisherigen Unternehmensinhaber, die nachfolgenden Personen und schließlich die Belegschaft. Diese drei Seiten haben berechtigterweise jeweils eigene Interessen und Wünsche, die es in Einklang zu bringen gilt. Der Startpunkt dabei ist in der Regel die Person (oder der Personenkreis), die bisher die Leitung und in der Regel auch das Eigentum am Unternehmen innehat. Eine echte Bereitschaft, das Unternehmen zu übergeben, ist hier die Grundvoraussetzung für ein Gelingen der Nachfolge. Weil im Mittelstand viele dieser Leitungspersonen auch zugleich Gründer oder Gründerin des Unternehmens sind, fällt diese Übergabe psychologisch gesehen besonders schwer. Nicht selten hängen Gründungspersonen an ihrem Unternehmen wie an einem eigenen Kind. Insofern kann es grundsätzlich einfacher sein, das Unternehmen tatsächlich auch an eigene Kinder zu übergeben und auch die Akzeptanz eines solchen Schritts durch die Belegschaft kann größer sein, da die Nachfolge als „natürlicher" angesehen wird und die „Junioren" eventuell auch schon länger vorher im Unternehmen als Nachfolger präsent sind. Wie die Fallstudie aus Abschn. 6.2.1 zeigt, sind deshalb Schwierigkeiten bei der Nachfolge aber nicht gänzlich ausgemerzt und bedürfen in der Regel ebenfalls eines expliziten Change Managements. Eine erschwerende Rolle bei der internen Nachfolge können zudem innerfamiliäre Konflikte spielen, die auf der Familienhistorie beruhen.

Abgesehen von inner-familiären Konflikten sind die Herausforderungen bei der externen Nachfolge potenziell nochmals größer. Dies betrifft vor allem die Herstellung von Akzeptanz der Nachfolgepersonen bei Gründern und Belegschaft, wie auch umgekehrt die Akzeptanz und Würdigung des bisherigen Unternehmens, seiner Kultur und Strategie durch die nun neue Leitung, die optimaler Weise in einen hohen Grad der Identifikation mit dem Unternehmen mündet. Diese Akzeptanz muss beidseitig vorhanden sein, um einen Übergang möglichst reibungslos zu gestalten, wie aus der Fallstudie in Abschn. 6.2.2 gut ersichtlich wird.

> **Besondere Herausforderungen im Rahmen von Unternehmens-
> nachfolge**
> * Loslassen durch die Gründungsperson
> * Fehlende Akzeptanz der Nachfolgenden durch den Vorgänger
> * Fehlende Akzeptanz der Nachfolgenden durch die Belegschaft

Im Folgenden soll auf die spezifischen Herausforderungen bei der Unternehmensnachfolge nochmals detaillierter eingegangen werden. Dabei werden auf Basis der beiden Fallstudien und in Bezug zu den Erfolgsfaktoren aus Kap. 2 konkrete Lösungstipps zur Überwindung dieser Herausforderungen unterbreitet.

* *Loslassen durch die Gründungsperson:* Das Loslassen des eigenen Unternehmens fällt vor allem Gründungspersonen schwer, für die sich das Unternehmen oftmals wie ein eigenes „Baby" darstellt. Familieninterne Nachfolge fällt hier psychologisch gesehen grundsätzlich etwas leichter, da das Unternehmen ja quasi in der Familie bleibt. Hier stellt sich aber nicht selten ein Generationenproblem ein. Kinder sind aus Sicht der älteren Generation immer Kinder und damit ein Stück weit auch immer „klein" und noch nicht ausreichend „erwachsen". Bei einer externen Nachfolge, oder aber auch der internen familienfremden, ergibt sich hingegen vor allem das Problem, das Unternehmen aus dem Schoß der Familie zu reißen und an einen vormals Fremden abzugeben. Dafür kann hier von Vorteil sein, dass diese fremde Person sich schon als erfahrene Führungskraft etabliert hat und das Generationenproblem der internen Nachfolge somit entfällt. Einfach fällt das Loslassen letztlich in beiden Fällen nicht. Erforderlich ist zumeist ein Einstellungswandel bei der Gründerperson (oder allgemein der übergebenden Person). Damit ist der Erfolgsfaktor Re-Edukation (Abschn. 2.1.7) maßgeblich für die Lösung verantwortlich. Ein Coaching durch einen externen Spezialisten erweist sich hier als geeigneter Ansatzpunkt. Wie in   Abschn. 2.1.7 dargestellt, besitzt Coaching den großen Vorteil der Nachhaltigkeit, das meint hier, einen *dauerhaften* Veränderungsprozess in Gang zu setzen, der dafür sorgt, dass

eine kurzzeitige Einsicht nicht wieder bei nächstbester Gelegenheit revidiert wird. Dass diese Gefahr besteht, wurde aus der Fallstudie aus Abschn. 6.2.1 ersichtlich. Coaching als geeignetes Interventionsinstrument zur Abhilfe zeigt die Fallstudie aus Abschn. 6.2.2 eindrücklich auf. Dabei kann neben dem Coaching auch sogenanntes Job-Shadowing zum Einsatz kommen (Abschn. 5.2.1). Das bedeutet, dass ein übergebender Gründer einen anderen Unternehmensgründer, der diesen Schritt bereits erfolgreich vollzogen hat, eine Zeit lang im Job begleitet (siehe Abschn. 6.2.2). Letztlich muss sich eine Gründungsperson bewusstmachen, dass das eigene „Baby" erstrecht gefährdet ist, wenn die Nachfolge nicht rechtzeitig geregelt ist. Grundsätzlich ist die Einbeziehung nicht nur speziell eines Coaches, sondern generell von neutralen Experten anzuraten. Das gilt neben der Regelung rechtlich-finanzieller Aspekte der Übergabe auch für deren psychologische Komponente. Ein Übergabemodell, welches nach eingehender Analyse durch externe Berater in Abstimmung mit allen Beteiligten entwickelt wurde, hat eine größere Wahrscheinlichkeit, dauerhaft akzeptiert zu werden als lose Absprachen im Familienkreis (siehe hierzu auch die Fallstudie aus Abschn. 6.2.1).

• *Akzeptanz der Nachfolger:* Nachfolger müssen nicht nur von ihren Vorgängern akzeptiert werden, sondern auch durch die Belegschaft, die zu großen Teilen in einem Gründer-dominierten Unternehmen sozialisiert wurde und mit diesem quasi aufgewachsen ist. Externe Nachfolger besitzen hier die Bürde, als Neuer oder Neue nicht die quasi „natürlich" gewachsenen Rechte auf Übernahme des Unternehmens zu besitzen. Dies kann sich bei familieninterner Nachfolger etwas leichter darstellen, denn im Idealfall hatten die Nachfolger hier schon die Chance, lange Zeit auf diese Position im Unternehmen hinzuarbeiten (siehe hierzu die Fallstudie in Abschn. 6.2.1) und werden als quasi-natürliche Nachfolger akzeptiert. Externe müssen sich diese Akzeptanz erst erarbeiten. Dazu ist der Erfolgsfaktor „Integration" gefragt (Abschn. 2.1.6). Das Zusammentreffen Fremder birgt, wie in Abschn. 1.4.2 gesehen, immer die Gefahr von Konflikten und Missverständnissen in sich. Zur Verringerung dieser Gefahr sind insbesondere die folgenden Aspekte zu berücksichtigen:

– *Mit einer Zunge sprechen:* Alt-Geschäftsführer und Nachfolgepersonen haben zumeist eigene Ideen zur Weiterentwicklung
des Unternehmens, die nicht notwendigerweise kongruent sind.
Hier kann sich der Einsatz von Moderation oder Coaching als
eine Art gezielter „Mediation" anbieten (Abschn. 6.2.2). Damit
soll ein zwischen beiden Seiten einheitliches Zukunftsbild bzw.
eine gemeinsame Vision geschaffen werden, die ermöglicht, dass
neue und alte Leitung „mit einer Zunge" sprechen. Wird solche
Einigkeit demonstriert, steigt auch die Wahrscheinlichkeit, dass
die neuen Ideen auch seitens der bisherigen Belegschaft besser
akzeptiert werden, vor allem durch diejenigen Personen, die schon
lange im Unternehmen sind und mit der bisherigen Leitung quasi
„groß" wurden.

– *Dem Bisherigen Respekt zollen:* Will ein Unternehmensnachfolger
(zu) viel ändern, so stößt dies wie alle Änderungsvorhaben in der
Regel auf Widerstände (Abschn. 1.4). Ein maßgeblicher Grund
dafür ist, dass die Änderungsvorhaben als Kritik am Bestehenden
aufgefasst werden können, was besonders schwer wiegt, wenn
diese Kritik quasi von außen kommt. Die bisherige Belegschaft,
aber durchaus auch die bisherige Unternehmensleitung, kann
sich in einem solchen Fall als zu wenig wertgeschätzt fühlen. Entsprechend setzt die Lösung dieses Problems daran an, das Bisherige
durch die Nachfolger explizit und sichtbar zu würdigen. Dies
sollte sich in offiziellen Auftritten der Nachfolgepersonen wiederfinden aber auch im täglichen Doing und im Dialog mit der
Belegschaft. Wesentlich ist auch hier ein „Mind Change" seitens
der Nachfolgeperson. Es ist wichtig, eine *echte* Wertschätzung für
die Leistung der bisherigen Unternehmensleitung und der Belegschaft zu entwickeln und nicht nur diese oberflächlich kundzu-
tun. Die Belegschaft wird an Kleinigkeiten in Gestik und Mimik
feststellen können, ob diese Wertschätzung authentisch ist oder
nicht. Auch hier kann ein Coaching helfen, die entsprechende
Einstellung bei der Nachfolgeperson zu erreichen und das eigene
Verhalten selbstkritisch zu reflektieren.

– *Alle in den Aufbruch einbeziehen:* Integration wird zudem
erleichtert,   wenn   sie   partizipative   Elemente   beinhaltet

(Abschn. 2.1.5). Möglichst frühzeitig im Prozess der Übernahme bietet es sich an, gemeinsame Workshops der Abteilungen mit den Nachfolgern durchzuführen. Dabei wird das gegenseitige Verständnis und das Kennenlernen gefördert. Insbesondere können so Vorurteile der Belegschaft gegenüber den Nachfolgern abgebaut werden, wenn diese sich an die wertschätzende Kommunikation halten. Der Belegschaft wird zugleich die Möglichkeit gegeben, sich mit ihren Ideen in den Prozess des Aufbruchs einzubringen. Gegenseitiges Kennenlernen wird zudem dadurch gefördert, dass aktiv informelle Gelegenheiten zum Austausch mit der Belegschaft gesucht werden, etwa im Betriebsrestaurant, im Flur, beim Rundgang durch die Produktion etc.

Erfolgsfaktoren im Rahmen von Unternehmensnachfolge

Die Erfolgsfaktoren der Unternehmensnachfolge zielen vor allem auf die Bewältigung der psychologischen Schwierigkeiten aller beteiligten Parteien, die mit einer Übergabe verbunden sind. Entsprechend stehen die folgenden Erfolgsfaktoren im Vordergrund:

Konsultation: Da es bei der Unternehmensnachfolge auf einen Ausgleich der Interessen von mehreren Parteien ankommt, bietet es sich an, Externe als neutrale Instanzen einzubeziehen, um ein von allen akzeptiertes Übergangsszenario zu entwickeln.

Re-Edukation: Grundstein für eine Unternehmensnachfolge ist die Fähigkeit der bisherigen Unternehmensinhaber, wirklich loszulassen. Dafür ist nicht selten ein „Mind Change" notwendig, der durch ein intensives Coaching erreicht werden kann.

Integration: Externe Nachfolger treffen nicht selten auf Vorbehalte seitens der bisherigen Inhaber und der bisherigen Belegschaft. Gezielte Maßnahmen zum Abbau dieser Vorurteile und Vorbehalte, auch vonseiten des Nachfolgers selbst, sind erforderlich, um einen reibungslosen Übergang zu ermöglichen.

Ihr Transfer in die Praxis

- Vermeiden Sie sichtbare Konflikte zwischen Vorgängern und Nachfolgern. Versuchen Sie vielmehr vorab eine gemeinsame Linie zu finden und diese der Belegschaft unisono zu vermitteln.

- Nutzen Sie den Rat von erfahrenen Experten oder lassen Sie sich coachen, vor allem dann, wenn es immer wiederkehrende Konflikte zwischen Vorgängern und Nachfolgern gibt.
- Zollen Sie als Nachfolgeperson dem bisher Geleisteten und damit auch den Vorgängern und der Belegschaft Respekt, das wird Ihre Akzeptanz erhöhen und Konflikten vorbeugen.

Literatur

Brückner, C. (2011). *Der Nachfolger kommt! Eine Analyse des Generationenwechsels in Familienunternehmen.* Hampp.

Hinterhuber, H. H., & Krauthammer, E. (2014). *Leadership – mehr als Management. Was Führungskräfte nicht delegieren dürfen* (5. Aufl.). Springer Gabler.

Jansen, F. (2018). *Warum interne Unternehmensnachfolgen oft scheitern. Brauwelt, 42*(2018), 1223–1224.

Junker, A., & Griebsch, J. (2017). Betroffene Unternehmenstypen. In A. Junker & J. Griebsch J. (Hrsg.), *Unternehmensnachfolge und Unternehmenswertsteigerung* (S. 5–30). Springer Gabler.

Kay, R., Suprinovič O., Schlömer-Laufen, N., & Rauch, A. (2018). *Unternehmensnachfolgen in Deutschland 2018 bis 2022.* Institut für Mittelstandsforschung.

Lauer, T. (2019). *Change Management. Grundlagen und Erfolgsfaktoren* (3. Aufl.). Springer Gaber.

o. A. (2016). Die Sparkassen Zeitung, 28.10.2016, Nr. 43, S. 11.

Scherer, S. (2020). *Unternehmensnachfolge* (6. Aufl.). C.H. Beck.

Printed by Printforce, the Netherlands